Mosaik bei
GOLDMANN

*Buch*

David Zinczenko macht da weiter, wo andere Bücher aufhören: Tausende von Männern haben ihm ihre bestgehüteten Geheimnisse verraten. Was bringt einen Mann dazu, sich zu verlieben? Warum gehen Männer wirklich fremd? Was wünscht er sich im Bett? Doch grau ist alle Theorie, darum verrät Zinczenko nicht nur, was im Mann vorgeht, was er denkt und fühlt, sondern hilft mit konkreten Tipps und Tricks. Mit cleveren Kommunikationsstrategien kann man jeden Mann gesprächiger machen, der ultimative Männer-Decoder entschlüsselt sein rätselhaftes Verhalten und die Rubrik »Frau fragt sich« beantwortet die dringlichsten Fragen zum Thema Mann.

Egal, ob in der aktuellen Beziehung oder bei der Suche nach dem Traumprinzen: Der Einsatz lohnt sich. Es winken bessere Gespräche, heißerer Sex, mehr Vertrauen und ein harmonischeres Miteinander!

*Autor*

David Zinczenko, Chefredakteur der englischsprachigen Ausgabe von *Men's Health*, schreibt als Gast-Kolumnist für die *New York Times*, die *Los Angeles Times* und *USA Today*. Er ist regelmäßig in der Fernsehshow *Today* zu Gast, wo er zum Thema Männer und Beziehungen spricht, und wurde 2003 vom *People Magazine* zu einem der 50 begehrtesten Junggesellen gekürt. David Zinczenko lebt in Allentown, Pennsylvania, und New York City.

Ted Spiker ist Lehrbeauftragter für Journalismus an der University of Florida und schreibt regelmäßig Beiträge für *Men's Health*. Er lebt in Gainesville, Florida.

*Von David Zinczenko außerdem bei Mosaik bei Goldmann*

Sexy Sixpack (16748)

David Zinczenko
mit Ted Spiker

# Wie Frauen endlich verstehen, was Männer meinen

Liebe, Sex und Männlichkeit

Aus dem Amerikanischen
von Thomas Bauer

Die Ratschläge in diesem Buch wurden vom Autor und dem Verlag sorgfältig erwogen und geprüft, dennoch kann eine Garantie nicht übernommen werden. Eine Haftung des Autors bzw. des Verlags und seiner Beauftragten für Personen-, Sach- und Vermögensschäden ist ausgeschlossen.

©
FSC
Mix
Produktgruppe aus vorbildlich
bewirtschafteten Wäldern und
anderen kontrollierten Herkünften
Zert.-Nr. SGS-COC-1940
www.fsc.org
© 1996 Forest Stewardship Council

Verlagsgruppe Random House FSC-DEU-0100
Das für dieses Buch verwendete FSC-zertifizierte Papier *Munken Print* liefert Arctic Paper Munkedals AB, Schweden.

2. Auflage
Deutsche Erstausgabe Januar 2008

Published by arrangement with RODALE INC., Emmaus, PA, U.S.A.
Originalverlag: Rodale, Inc.
Originaltitel: Men, Love & Sex
Umschlaggestaltung: Design Team München
Umschlagmotiv: Getty Images/Cotier
Redaktion: Angela Troni
Satz: Uhl + Massopust, Aalen
Druck und Bindung: GGP Media GmbH, Pößneck
WR · Herstellung: Han
Printed in Germany
ISBN 978-3-442-16961-0

www.mosaik-goldmann.de

*Dieses Buch ist den Tausenden von Männern gewidmet, die uns ihre intimsten Gedanken, Gefühle und Wünsche verraten haben. Ein Hoch auf sie und auf die Tausenden von Frauen, die sie dafür noch mehr lieben werden.*

# Inhalt

# Einleitung

*Wie Frauen endlich verstehen, was Männer meinen – Liebe, Sex und Männlichkeit*

Was hat es mit Männern eigentlich auf sich?

Aller Wahrscheinlichkeit nach haben Sie in Ihrem Leben bereits zahllose lange Nächte am Telefon verbracht, über eine Kaffeetasse gebeugt dagesessen oder mit Ihren Freundinnen den einen oder anderen Margarita hinuntergestürzt und sich dabei genau diese Frage gestellt.

Und aller Wahrscheinlichkeit nach haben Ihre Freundinnen genickt, mit den Schultern gezuckt und Ihnen ihr Mitgefühl bekundet, weil sie genau wussten, was Sie empfinden: dass Männer komplizierte, rätselhafte Wesen sind, mysteriöse Kreaturen hinter einem undurchsichtigen Schleier aus Bier und Sportergebnissen.

Warum sind Männer so verschlossen? Warum haben Sie manchmal das Gefühl, dass es einer Kombination aus Hypnose, übersinnlichen Fähigkeiten und vielleicht sogar Gewaltanwendung bedarf, um ihren Partner dazu zu bringen, über seine Gefühle zu sprechen?

Zugegebenermaßen steckt in all diesen Klischees ein Funken Wahrheit. Manchmal können wir Männer unseren Gefühlen für den Pizza-Lieferanten besser Ausdruck verleihen als unseren Gefühlen für Sie. Und zweifellos begrüßen wir Ihr postkoitales Kuscheln gelegentlich mit einem herzhaften Schnarchen. Aber in Wahrheit sind Ihre und unsere Ziele sowie Wünsche viel mehr auf einer Linie, als Sie vielleicht denken. Tatsache ist jedenfalls, dass eine Frau einen Mann nur dann dazu bringen kann, zu verstehen, was sie wirklich will, wenn sie versteht, was er wirklich will. Denn tief in unserem Innersten wünschen wir uns nichts sehnlicher, als Sie zufriedenzustellen.

Mit anderen Worten: Eigentlich sollte das Ganze ein Spaziergang sein. Doch irgendwie haben wir dafür gesorgt, dass es sich um einen Spaziergang über ein Minenfeld handelt.

Natürlich ist es einfach, sich der zeitlosen Geschlechterdifferenz-Argumente über die Unterschiede zwischen Mann und Frau zu bedienen, vor allem, wenn es darum geht, was wir voneinander, was wir von der Liebe, was wir von einer Beziehung erwarten. Allerdings liegt das Problem nicht in unseren Erwartungen begründet, sondern darin, wie wir diese *kommunizieren* – und in der Tatsache, dass Männer und Frauen das auf sehr unterschiedliche Weise tun. Wir können den Code des anderen Geschlechts nur dann entschlüsseln, wenn wir tief in dessen Psyche eintauchen, und genau das tut dieses Buch auf einzigartige und überaus erhellende Weise. Männer geben nämlich durchaus ihre Gefühle preis: ihre Ängste, ihre Wünsche und sogar ihre größten Geheimnisse. Sie haben mir ihre Gefühle offenbart. Meine Aufgabe ist es jetzt, diese Gefühle an Sie, meine Leserinnen, weiterzugeben.

## Eine bahnbrechende Methode, Männer besser zu verstehen

Bei unserer exklusiven Umfrage zum Thema »Wie Frauen endlich verstehen, was Männer meinen«, die das amerikanische Umfrageinstitut Harris Interactive durchgeführt hat, haben wir mehr als 5000 Männern und Frauen einige überaus intime Fragen gestellt – und ihnen bemerkenswert offenherzige Antworten entlockt. Unsere Umfrage hat ergeben, dass sich die Wünsche von Männern und Frauen erstaunlich ähneln: Wir alle sehnen uns nach wahrer Liebe, nach einem erfüllten Sexualleben (das sowohl Quickies als auch lange Nachmittage voller Zärtlichkeit und alles beinhaltet, was dazwischen liegt) sowie nach Beziehungen, die länger halten als ein verlängertes Wochenende. Unserer gemeinsamen Glückseligkeit steht jedoch die Tatsache im Weg, dass wir uns schrecklich ungeschickt anstellen, wenn wir miteinander kommunizieren. Angesichts der Rauchsignale, des vorsätzlichen Schweigens und des geschlechtsspezifischen Morsecodes ist es ein Wunder, dass wir uns manchmal überhaupt verstehen und zusammenfinden.

Wir alle – Männer und Frauen – verbringen nicht wenig Zeit damit, über Beziehungen nachzudenken. 60 Prozent aller Männer denken mindestens eine Stunde täglich über ihre Beziehung oder ihre potenzielle Beziehung nach (während Sie sicher annahmen, wir seien in unseren Gedanken wieder einmal bei unserem Lieblingsverein), 40 Prozent aller Frauen widmen sich mental sogar mehr als zwei Stunden täglich ihrer

Beziehung. Zusammengerechnet macht das 1095 Stunden im Jahr, die wir damit verbringen, über unser Liebesleben nachzugrübeln. Stellen Sie sich nur mal vor, wir würden diese Zeit dazu verwenden, um beispielsweise nach einer Alternative zu fossilen Brennstoffen zu suchen. Trotz dieser zeitintensiven Bemühungen geben zwei Drittel der Befragten an, dass sie etwa alle zwei Wochen Beziehungsprobleme hätten.

Wo ist also der Haken? Zum Teil besteht das Problem darin, dass sowohl Männer als auch Frauen zu bereitwillig die Klischees glauben, die unsere gleichgeschlechtlichen Freunde auch noch schüren. Überlegen Sie sich einmal Folgendes: Wenn Frauen ein Problem in ihrer Beziehung haben, suchen 82 Prozent von ihnen Rat bei anderen Frauen. Sich von einer Frau erklären zu lassen, was in einem Mann vor sich geht, ist meiner Meinung nach ungefähr dasselbe, als würde man Donald Rumsfeld bitten, einem zu erklären, was Hip-Hop ist. Wir würden alle wesentlich besser dastehen, wenn wir näher an der Quelle nach Antworten suchen würden.

Glücklicherweise sind Sie hier genau richtig.

## Männer sagen, was sie denken – und fühlen

Bei unserer Umfrage haben Männer mal nicht geschwiegen, sondern gesprochen. Und wie sie gesprochen haben. Sie haben über die Liebe geredet, über Selbstzweifel, über Männerabende, über ihre geheimen Wünsche im Bett, über das, was ihnen in Beziehungen am meisten Bauchschmerzen bereitet, und darüber, was Frauen tun und sagen können, um einen Mann glücklich zu machen. Sie haben uns all die Kleinigkeiten verraten, die Beziehungen kaputt machen, und gestanden, was sie beunruhigt und was ihnen Angst macht. Vor allem aber haben sie die Karten auf den Tisch gelegt und offenbart, weshalb sie Frauen wirklich lieben und verehren.

Letztendlich verfolge ich mit diesem Buch zwei Ziele. Nachdem mehr als 75 Prozent aller befragten Frauen angaben, aus Männern nicht schlau zu werden, besteht mein erstes Ziel darin, Ihnen die männliche Denkweise zugänglich zu machen, damit Sie unseren verbalen und nonverbalen Wortschatz besser übersetzen können. Das wiederum liefert die Grundlage für mein zweites Ziel: Ihnen Einblicke zu gewähren und Vorgehensweisen aufzuzeigen, die Ihre Beziehung festigen und vertiefen werden.

Ich arbeite seit zwölf Jahren für das größte Männermagazin der Welt. Bei *Men's Health* setzen wir uns jeden Monat mit Beziehungsthemen auseinander. Wir fragen Männer nach ihren Geheimnissen und ihren Wünschen und recherchieren die neuesten Untersuchungen in Sachen Sex, Liebe und Beziehungen. Mein Job als Chefredakteur besteht darin, Männern jeden Monat das vorzusetzen, was sie lesen möchten. Dazu muss ich ihre Wünsche kennen, und zwar nicht nur in Bezug auf Bauchmuskeltraining und Smoothie-Rezepte, sondern auch, was Frauen und Beziehungen betrifft. Wenn man so möchte, studiere ich von Berufs wegen die Gefühls- und Gedankenwelt von Männern.

Obwohl ich mich mit Männern nun schon seit vielen Jahren beschäftige, ist mir bewusst, dass ich diese Spezies niemals auch nur annähernd so gut erklären könnte, wie die Männer, die in diesem Buch zu Wort kommen. Deshalb werde ich Ihnen in diesem Buch erstmals uneingeschränkten Zugang zu den wirklichen Experten in Sachen Männer, Liebe, Sex und Beziehungen geben: zu all den Männern, die an unserer exklusiven Umfrage teilgenommen haben, sowie zu vielen anderen, die uns in persönlichen Interviews und auf der Website von *Men's Health* Rede und Antwort standen. Wie Sie auf den folgenden Seiten erfahren werden, haben all diese Männer ihre Wünsche ehrlich und unverblümt geäußert. Sie waren sogar freimütig genug, um ihre Ängste und Unsicherheiten auf eine Art und Weise zu offenbaren, die in einer normalen Beziehung schlichtweg undenkbar wäre.

Doch dieses Buch ist mehr als nur eine Sektion und Inspektion männlicher Neuronen: Es ist zugleich ein Leitfaden, der Ihnen dabei helfen wird, die manchmal nicht so einfach nachzuvollziehenden Handlungen, Entscheidungen und Gedanken von Männern zu verstehen. Hier wird Ihnen das nötige Wissen vermittelt und die Kraft gegeben, um Ihre eigene Beziehung zu verbessern, zu festigen und sie damit spannender und befriedigender zu gestalten.

Männer setzen gerne eine Pokermiene auf, wenn sie ihre Gefühle offenbaren sollen. Uns ist es jedoch erstmals gelungen, sie dazu zu bringen, dass sie ihre Karten auf den Tisch legen. Hier schon mal einige der Aussagen, die Sie noch zu lesen bekommen werden:

## Männer offenbaren ihr wahres Ich

***Wir haben einen weichen Kern.***
»Männer sind wie rohe Eier. Wenn man uns richtig anfasst, widerstehen wir jedem Druck, dem wir ausgesetzt sind, aber innen drin sind wir sehr weich und verletzlich. Da wir uns oft so unsicher fühlen, dass wir uns einander nicht in der Form anvertrauen können wie Frauen, fressen wir unseren Kummer in uns hinein.« – Michael, 30

***Wir sind viel einfacher gestrickt, als Frauen denken.***
»Alles, was Frauen sagen, lässt verschiedene Interpretationen zu, und man kann sich nie sicher sein, welche Interpretation die am ehesten zutreffende ist. Männer kommunizieren dagegen wie ein Grundschul-Mathematikbuch. Wenn wir sagen 1 + 1, dann meinen wir 2 und nicht 5 oder 8 oder gar: ›Ich liebe dich nicht mehr.‹« – Ryan, 31

***Wir haben mehr Angst davor, dass man uns das Herz bricht, als wir zugeben.***
»Männer gehen bereits sehr früh emotionale Bindungen zu Frauen ein. Die meisten Männer in meinem Bekanntenkreis behaupten, dass sie ihre erste Freundin wirklich geliebt haben. Nachdem sie ihnen das Herz gebrochen hatte, haben sie beschlossen, diese Schmerzen nie wieder durchmachen zu wollen.« – Danny, 23

***Wir plustern uns auf, weil wir möchten, dass Frauen uns für stark halten.***

»Die meisten Männer sind unsicher und wünschen sich jemanden, der ihnen Bestätigung gibt, ganz egal, wie viel Selbstvertrauen sie ausstrahlen.« – Paul, 27

***Wir sind im Zwiespalt, was unsere Rolle in einer Beziehung betrifft.***

»Viele Männer haben das Gefühl, die Doppelrolle des Familienvaters und -ernährers aus den Fünfzigerjahren und die des Frauenverstehers aus den Neunzigern spielen zu müssen.« – Bryce, 29

## Männer offenbaren sich zum Thema Liebe

***Wir sind weniger oberflächlich, als Frauen annehmen.***

»Die meisten Männer möchten sich verlieben. Damit meine ich, dass wir uns eine emotionale Bindung zu einer Frau wünschen, die unser Freund ist, uns unterstützt und unsere Geliebte ist. Wir möchten Liebe schenken und uns emotional, physisch und spirituell austauschen.« – Jeffrey, 28

***Wir können uns durchaus schwer verlieben, nur zeigen wir es manchmal auf eine Art und Weise, die Frauen nicht erkennen.***

»Liebe ist mehr, als zu kuscheln und nett zu sein. Frauen sollten sich darüber im Klaren sein, dass Männer ihre Liebe oft durch das zum Ausdruck bringen, was sie für eine Frau aufgeben, zum Beispiel Zeit, die sie genauso gut mit Arbeit oder mit Freunden verbringen könnten. Die meisten Männer haben gerne die Kontrolle, und Machtkämpfe sind ein entscheidender Bestandteil ihres Alltags. Freiwillig Macht aufzugeben und sich nach den Wünschen einer Frau zu richten, ist ein sehr starker Liebesbeweis. So selbstlos sind Männer normalerweise nicht, es sei denn, eine Frau bedeutet ihnen wirklich viel.« – Bryan, 36

***Manchmal ist unsere Liebe genau dann am stärksten, wenn Frauen es uns überhaupt nicht zutrauen.***

»Die Liebe ist bequem und macht uns manchmal selbstgefällig. Dass wir uns nicht verliebt geben, heißt nicht, dass wir es nicht sind.« – Rick, 31

***In harten Zeiten reißen wir uns am Riemen.***

»Am deutlichsten und angemessensten drückt man hingebungsvolle Liebe aus, indem man sein Bestes gibt, seine eigenen Sorgen, Probleme und Ängste hintanstellt und versucht, seinen Partner in schwierigen Zeiten nach besten Kräften zu unterstützen, anstatt auszuflippen und damit alles noch schlimmer zu machen. Menschen sehen über vieles hinweg, wenn sie wissen, dass sie sich im Ernstfall wirklich auf einen verlassen können. Das ist die Basis einer guten Beziehung.« – Jon, 29

***Wir möchten, dass es von selbst passiert.***
»Über Liebe zu sprechen, führt nicht dazu, dass wir jemanden *mehr* lieben.« – Bruce, 38

***Wir verlieben uns viel leichter, als Frauen denken.***
»Wir brauchen lange, um unsere Liebe in Worte zu fassen, auch wenn wir sie längst empfinden.« – Simon, 28

***Es wäre uns lieber, wenn Frauen uns weniger unter Druck setzen würden.***
»Männer bevorzugen Direktheit, Bestimmtheit und Selbstsicherheit. Wenn eine Frau einen Mann will, sollte sie offen und ungeniert auf ihn zugehen. In *Conan der Zerstörer* gibt es eine Szene, in der die junge Prinzessin eine Kriegerin fragt, wie sie sich jemandem nähern soll, den sie mag, und die Kriegerin antwortet: ›Pack ihn! Nimm ihn!‹« – Lucas, 35

## Männer offenbaren sich zum Thema Sex

***Vorspiel ist uns genauso wichtig wie unserer Partnerin.***
»Die meisten Männer sehnen sich nach Zuneigung: Dazu gehören Kuscheln, Vorspiel, Streicheln und zärtliche Berührungen. Für das Selbstwertgefühl und das Ego eines Mannes ist es sehr wichtig, dass ihm seine Partnerin Bestätigung gibt – sowohl verbal als auch durch kleine Briefchen oder dadurch, dass sie beim Liebesspiel die Initiative ergreift.« – Adam, 35

***Uns liegt viel daran, unsere Partnerin zufrieden zu stellen.***
»Wir haben immer Angst davor, nicht gut genug zu sein.« – Robert, 34

***Begeisterung ist uns wichtiger als alles andere.***
»Zeig mir, dass du mich unbedingt willst, dass du scharf auf mich bist. Das törnt mich am allermeisten an.« – Joel, 40

***Wir wünschen uns, dass Sex wie eine Schulpause ist.***
»Es gefällt uns, wenn eine Frau beim Sex laut ist, aber es gefällt uns nicht, wenn sie dabei weniger Spaß hat als wir.« – Andy, 40

***Manchmal macht uns Sex schwer zu schaffen.***
»Frauen haben überhaupt keine Vorstellung davon, wie stark und überwältigend der männliche Sexualtrieb sein kann. Sie können nicht nachvollziehen, dass er uns physisch, mental und emotional auffressen kann. Frauen sehen nur den Spaß, den wir dabei haben oder haben wollen. Aber dieser Trieb schaltet den Verstand bisweilen komplett aus und hat bereits alle Männer aus meinem Bekanntenkreis schon mal zu Idioten gemacht.« – Len, 37

***Wir achten immer darauf, wie es unserer Partnerin dabei ergeht.***
»Für einen Mann gibt es nichts Schöneres, als seine Partnerin zum Höhepunkt zu bringen.« – Jeff, 30

Männer sind offenbar unkompliziert, verletzlich und liebesbedürftig. Schön und gut, aber damit unterscheiden sie sich nicht weiter von Welpen. Was kann ich Ihnen also noch bieten, liebe Leserin?

Jede Menge. Im Rahmen unserer Umfrage haben wir Frauen gebeten, uns ihre dringlichsten Fragen zu männlichem Verhalten zu verraten – wie sie besser verstehen können, was Männer denken, wie sie fühlen und wonach sie suchen. Viele dieser Fragen werde ich Ihnen in diesem Buch präsentieren, und zwar mit Antworten von Männern, die von Herzen kommen. Auf den folgenden Seiten erfahren Sie mehr darüber, wie wir Männer Frauen wahrnehmen und dass wir oft um 180 Grad (auf ein paar Grad mehr oder weniger kommt es sicher nicht an) anders sind als die männlichen Stereotypen, die uns so oft aufgedrängt werden. Sobald Sie sich dessen bewusst sind, wird es Ihnen gelingen, die Kommunikationskluft zu überbrücken, die Männer und Frauen voneinander trennt. Sie werden in der Lage sein, Ihre Beziehung zu festigen, oder Ihre neuen Erkenntnisse dazu verwenden können, den perfekten Partner zu finden. Am Ende werden Sie bessere Gespräche, besseren Sex, bessere Streite, besseres Verständnis, bessere Liebe, bessere Beziehungen und ein besseres Leben haben. Das gilt nicht nur für Sie, sondern auch für uns Männer.

In erster Linie möchte ich Ihnen mit diesem Buch jedoch Folgendes vermitteln:

Wir beten Sie an.
Wir begehren Sie.
Wir wünschen uns, dass es mit Ihnen und uns funktioniert.
Wir verlangen im Gegenzug wirklich nicht mehr, als dass Sie genauso denken.

# 1. Was bringt einen Mann dazu, sich zu verlieben?

*Warum wir Männer nicht lieben können, bis Sie uns den richtigen Weg gezeigt haben – und mit welchen einfachen Worten Sie tiefe Zuneigung auslösen können*

**Männer, glaubt ihr, dass ihr eure Seelenverwandte bereits gefunden habt?**

| | |
|---|---|
| *Ja, ich bin mit ihr zusammen:* | 53 Prozent |
| *Ja, aber wir sind nicht mehr zusammen:* | 14 Prozent |
| *Ja, aber wir waren nie ein Paar:* | 9 Prozent |
| *Nein:* | 24 Prozent |

Betrachten Sie eine gut funktionierende Beziehung doch einmal so, als würde es sich dabei um eine perfekte Mahlzeit handeln: um ein dickes, würziges Steak sexueller Leidenschaft, begleitet von einem köstlichen Wein der Romantik und Hingabe. Sowohl Männer als auch Frauen möchten beides haben – die perfekte, sättigende Mahlzeit. Und wir brauchen beides. Das Steak allein ist trocken und unbefriedigend; und Wein macht einen zwar beschwipst, stillt aber nicht den Hunger. Lassen Sie mich dieses Beispiel noch ein bisschen weiterführen, bevor mir die Metaphernpolizei die Lizenz entzieht: Männer sind etwas mehr auf das Fleisch in einer Beziehung fixiert, Frauen dagegen eher auf den Wein. Dennoch möchten beide Geschlechter völlig zufrieden vom Tisch aufstehen. Sie verlangen Beweise dafür? Mehr als drei Viertel aller Männer glauben an Seelenverwandtschaft (siehe oben). Als wir unsere Kandidaten fragten, ob sie lieber die Liebe ihres Lebens treffen oder sechs Monate lang tollen Sex haben wollten, entschieden sich 92 Prozent für Ersteres. (Die restlichen acht Prozent sind vermutlich *Maxim*-Leser.) Sehen Sie sich an, was drei dieser Männer über die Erfahrung, sich zu verlieben, zu sagen haben:

»Liebe, Loyalität und dass die Chemie stimmt, ist uns wichtiger als alles andere.« – Ian, 31

»Wenn Männer verliebt sind, haben sie genauso wie Frauen Schmetterlinge im Bauch und fühlen sich schwindelig.« – Robert, 26

»Frauen ist nicht bewusst, dass die meisten Männer bereits verliebt sind, bevor sie es zugeben möchten.« – Drew, 30

Wenn das so ist, warum hat es dann immer den Anschein, als würden immer nur die Frauen auf eine feste Beziehung drängen, während die Männer dazu genötigt werden müssen wie ein Kind zu einem Besuch beim Zahnarzt? Ganz einfach: Weil wir im frühen Stadium des strategischen Dating-Spiels erst einmal herausfinden möchten, worauf Sie es abgesehen haben. Deshalb nehmen in der Regel auch weniger als die Hälfte aller Männer in einer Beziehung als Erste die Worte »Ich liebe dich« in den Mund, und deutlich mehr Frauen als Männer schneiden zuerst das Thema an, wie es mit der Beziehung weitergehen soll.

All das deutet darauf hin, dass Männer in Sachen Liebe Ihre Ermunterung oder vielmehr Ihre Erlaubnis brauchen, die Schmetterlinge aus dem Käfig zu lassen.

Michael, 37, Restaurantbesitzer aus North Carolina, behauptet von sich, er sei äußerst vorsichtig damit, frühzeitig die Karten

### Sagen Sie dies, nicht das!

**Sagen Sie:** Die Schule war ein Kinderspiel, aber beim Wettsaufen war ich fürchterlich schlecht.
**Und nicht:** Ich habe meinen Abschluss mit magna cum laude gemacht.
**Denn:** Perfektion ist einschüchternd. Fehler sind liebenswert.

**Sagen Sie:** Was macht dich glücklich?
**Und nicht:** Wo siehst du dich in fünf Jahren?
**Denn:** Er möchte wissen, dass Sie an ihm interessiert sind und nicht an einem bestimmten Lebensentwurf.

**Sagen Sie:** Ich liebe meine Eltern, auch wenn ich manchmal meine Schwierigkeiten mit ihnen habe.
**Und nicht:** Ich habe ein schwieriges Verhältnis zu meinen Eltern.
**Denn:** Je toleranter Sie anderen gegenüber sind, desto toleranter wird er Ihnen gegenüber sein.

auf den Tisch zu legen. Er tut das nicht etwa, weil er überheblich ist, Spielchen treiben will oder möchte, dass die Betreffende zappelt wie eine Maus im Maul einer Katze. Vielmehr hält er sich zurück, weil er wartet, bis er grünes Licht bekommt, um Gas zu geben.

»Ich höre sehr gerne, dass ich ihr wahr gewordener Traum bin oder irgendwas in dieser Richtung, wenn dem tatsächlich so ist«, sagt er. »Genau wie sie brauche auch ich ein bisschen Anerkennung und Aufmerksamkeit. Das ist das Signal, auf das ich warte. Dann weiß ich, dass ich ihr geben kann, was sie sich wünscht.«

Chris, 29, ein seit kurzem verheirateter Pflichtverteidiger, stimmt Michael voll und ganz zu. »Männer möchten hören, dass sie begehrt werden«, sagt er. »Wenn Frauen einen netten Typen kennenlernen, vergessen sie oft, dass dieser nette Typ vielleicht viel zu nervös ist, um ihnen seine Gefühle zu offenbaren.« Und dann gibt er noch folgenden interessanten Einblick: »Frauen sollten besser darauf vorbereitet sein, auf dieselbe Art und Weise verletzt zu werden, wie es Männern tagtäglich passiert.«

Moment mal… Männer werden häufiger verletzt als Frauen?

Hm. Denken Sie ruhig einmal darüber nach: Im Romantikspiel macht meistens der Mann den ersten Schritt (in der Regel, nachdem Sie ihm zahllose Hinweise gegeben haben, dass er endlich die Initiative ergreifen soll). Dabei setzt er sich allerdings einem größeren Risiko aus, abgelehnt zu werden, als ein Telefonmarketing-Azubi. Glauben Sie mir, selbst George Clooney hat schon einige Körbe bekommen, die ihm noch immer von Zeit zu Zeit zu schaffen machen.

Nachdem ein Mann diese erste Hürde genommen hat – okay, Sie mögen ihn, also ist er auf der sicheren Seite –, wird er die nächste nur widerwillig in Angriff nehmen. Bedenken Sie: Wie Affen in einem Versuchslabor haben wir bereits etliche Schocks erlitten. Sobald wir uns mit Ihnen auf sicherem Terrain befinden, geben wir uns damit zufrieden, erst mal dort zu verweilen. Das Ganze ist demnach eine Gratwanderung: Die Frau muss dem Mann zu verstehen geben, dass er den nächsten Schritt tun darf, ohne ihm das Gefühl zu vermitteln, er werde dazu gedrängt. Lassen Sie ihn also wissen, dass Sie die Sache zwischen Ihnen als etwas ganz Besonderes empfinden. Lassen Sie ihn auch wissen, dass es in Ordnung ist, wenn er sich erlaubt, dasselbe zu empfinden. Aber gehen Sie vorsichtig vor – es ist Gefahr im Verzug, wie die folgenden Fragen der von uns interviewten Frauen zeigen:

## Woher weiß ich, wohin diese Beziehung führt?

»Ich bin seit drei Wochen mit einem Mann zusammen und habe das Gefühl, dass es ziemlich ernst ist. Seit den ersten beiden Dates haben wir viel Zeit miteinander verbracht. Letzte Woche haben wir uns zweimal unter der Woche gesehen und zweimal am Wochenende. Ich würde gerne mit ihm darüber sprechen, wie es mit uns weitergehen soll, möchte ihn aber nicht verscheuchen. Ich will nur sichergehen, dass wir beide auf derselben Wellenlänge liegen, was unsere Beziehung betrifft, ob wir uns treu sind und wo das Ganze hinführen soll. Wie denkt er darüber?«

**Was es zu bedeuten hat, wenn …**

***… er sagt, dass er Sie anruft, es aber nicht tut.***

Er denkt wie ein Jockey vor einem Pferderennen und möchte keinen Frühstart hinlegen. Indem er sich ein paar Tage Zeit lässt, schlägt er eine gemütliche Gangart ein, bevor er das Tempo forciert. Falls er länger wartet, heißt das vermutlich, dass er es sich anders überlegt hat und an einem anderen Rennen teilnehmen möchte.

***… er Sie sofort anruft.***

Obwohl er damit wissentlich riskiert, dass Sie ihn für verzweifelter als einen jungfräulichen Achtzigjährigen halten, möchte er Ihnen zu verstehen geben, dass er es ernst meint – egal ob sich das letztendlich als wahr erweist oder nicht.

***… er Ihnen nach dem ersten Date eine E-Mail schreibt, anstatt Sie anzurufen.***

Er hat 14 Entwürfe dieser E-Mail verfasst, um die perfekte Mischung aus Humor, Flirt und Komplimenten zu finden. Er scheut nicht das direkte Gespräch, sondern setzt darauf, dass Sie seine erste E-Mail ebenso sehr aus der Fassung bringt, wie Sie ihn aus der Fassung bringen.

Nachdem Sie sich erst seit drei Wochen kennen, möchte er diese Art von Unterhaltung sicher noch nicht führen. Für ihn ist das wie eine Beziehungs-Geburtsanzeige. *Wir freuen uns, die Geburt eines wunderschönen Paares bekannt geben zu können, das acht Dates, zwei Kinobesuche und sechs Orgasmen (fünf für ihn, einen für sie) wiegt. Es heißt Bob und Cindy!* Das ist zu formell, zu offiziell, zu geplant. Diese Formalität wirkt als Feuerlöscher für den zarten Funken, den er verspürt. »Das Einzige, was schlimmer ist, als eine Frau, die nach ein paar Dates kein Interesse zeigt, ist eine Frau, die zu viel Interesse zeigt«, sagt Anthony, 25. Und Terry, 32, fügt hinzu: »Immer mit der Ruhe. Bitte sagt uns nicht schon nach drei Wochen, dass ihr uns liebt.«

Betrachten Sie es mal so: Ihnen gefällt es schließlich auch nicht, wenn er das Vorspiel auslässt und gleich zur Sache kommt. Wenn Sie zu früh über den Status Ihrer Beziehung reden wollen, überspringen Sie die Anbahnungsphase und gehen direkt ans Eingemachte. Die Tatsache, dass er sich viermal in der Woche mit Ihnen trifft, ist ein gutes Zeichen dafür, dass Ihre Beziehung auf dem richtigen Weg ist. Aber gönnen Sie ihm unterwegs etwas Spaß – und lassen Sie ihn ein bisschen im Dunkeln tappen.

## Woher weiß ich, wann es an der Zeit ist, ihm meine Gefühle zu offenbaren?

»Ich bin seit zwei Monaten mit einem Mann zusammen, bei dem einfach alles stimmt. Er ist witzig, hat einen tollen Job, und ich verbringe unglaublich gerne meine Zeit mit ihm. Es hat richtig gefunkt zwischen uns, und wir sind sogar schon mal übers Wochenende zusammen weggefahren. Ich habe irgendwie das Gefühl, dass es mit uns funktionieren wird, und bin mir sicher, dass er genauso empfindet. Ich will mich zwar auf keinen Fall verstellen, möchte aber auch nichts tun, was unsere Beziehung gefährden könnte. Irgendwelche Tipps, wie ich vorgehen soll?«

**MYSTERIUM MANN**

**23 Prozent der befragten Männer sagen »Ich liebe dich«, um einen Streit zu beenden.**

Zwei Monate mögen einer Frau wie ein winziger Punkt auf dem Beziehungsradarschirm erscheinen, doch für manche Männer ist das bereits richtig lange. Nach dieser Zeit erwarten die meisten auf jeden Fall ein gewisses Maß an Ehrlichkeit. »Wenn sie sich mir mehr öffnet, werde ich mich ihr ebenfalls mehr öffnen, vor allem am Anfang, wenn man sich noch emotional abtastet«, sagt Warren, 33. Dabei ist jedoch Vorsicht geboten. Seien Sie ruhig ehrlich, was Ihre Gefühle betrifft, aber stellen Sie keine Vermutungen an, was seine Gefühle angeht. Und benutzen Sie bitte nicht das Wort *wir*. In dieser Phase können Sie Ihre Vorrangstellung festigen, indem Sie darüber sprechen, was Ihnen an *ihm* gefällt, was Ihnen die Beziehung mit *ihm* gibt und was Sie an *ihm* antörnt. *Wir* macht ihm Angst, *ihm* gefällt ihm. (Ja, wir sind unser Lieblingsthema, aber das liegt in der Natur des Menschen.) Auf diese Weise sagen Sie ihm, dass Ihnen viel an der Beziehung liegt, und schmeicheln gleichzeitig seinem Ego. All das, ohne ihn glauben zu machen, Sie würden ihn am liebsten morgen heiraten. In diesem frühen Stadium ist dies das Geheimnis, wie Sie ihm die Erlaubnis erteilen, Sie zu lieben, ohne ihm einen Grund zu geben, Sie zu verlassen.

## Soll ich ihm ein Ultimatum stellen?

»Mein Freund und ich haben uns vor etwa anderthalb Jahren kennengelernt und wohnen ungefähr seit einem halben Jahr zusammen. Ich bin 31, und meine Familie setzt mich ziemlich unter Druck, dass ich keine Zeit verschwenden und ihn verlassen soll, wenn er nicht der Richtige ist. Meine beste Freundin meint sogar, dass er mich niemals heiraten wird, solange er Sex ohne eheliche Verpflichtungen haben kann. Ich habe mir bereits viele Gedanken darüber gemacht, ob ich ihm ein Ultimatum stellen oder eine Frist setzen soll, aber irgendetwas sagt mir, dass es keine gute Idee ist. Wie finde ich heraus, ob er jemals bereit sein wird, den nächsten Schritt zu tun?«

**MYSTERIUM MANN**

**Für 26 Prozent der befragten Männer ist ein ruhiger Abend zu Hause die Art von Date, die sie am meisten in Stimmung bringt.**

Vielleicht sind Sie der Meinung, wir Männer hätten Angst vor ehelichen Verpflichtungen. Sei es, weil wir uns alle Möglichkeiten offenhalten möchten, weil wir auf etwas Besseres warten oder weil die Ehe das offizielle Ende von Sex im Whirlpool bedeutet. Jay, 30, sagt, dass Männer nicht aus Gleichgültigkeit zögern, sondern dass genau das Gegenteil der Fall ist. »Was

Beziehungen betrifft, sind Männer genauso unsicher wie Frauen«, sagt er. »Ich heirate in zwei Monaten eine Frau, die ich aufrichtig liebe, die mit Sicherheit eine fantastische Ehefrau und die Mutter meiner zukünftigen Kinder sein wird. Ist sie meine Seelenverwandte? Schwierige Frage, aber falls nicht, ist sie zumindest verdammt nah dran.« Wenn wir beschließen zu heiraten, möchten wir das Richtige tun – für beide Beteiligten. Sollten Sie ihm also ein Ultimatum stellen? Vermutlich nicht. Wenn Sie ehrlich zu ihm waren, was Ihre Gefühle für ihn angeht – für ihn, nicht für die Beziehung –, sind Sie wahrscheinlich an einem Punkt angelangt, an dem Sie ihn direkt nach seinen Gefühlen für Sie fragen können. Sollte er Ihnen nicht sagen können, was er denkt und fühlt, dann haben Sie vermutlich Ihre Antwort.

## Männlichkeit gemeistert:

### *Was Sie jetzt über Männer wissen*

- Wenn Sie über die langfristigen Perspektiven Ihrer Beziehung sprechen möchten, besteht die Gefahr der »vorzeitigen Artikulation«. Legen Sie Ihre Karten daher nicht zu früh auf den Tisch, und warten Sie mit dem Gespräch darüber, was Sie sich von der Beziehung erwarten.
- Wir haben keine Angst davor, uns zu verlieben. Stattdessen haben wir Angst davor, gesagt zu bekommen, dass wir uns verliebt haben. Konzentrieren Sie sich auf Ihre Gefühle für ihn, nicht auf Ihre Gefühle für die Beziehung.

- Ein Mann ist eher bereit, seine Gefühle zu offenbaren, wenn Sie Ihre Gefühle zuerst offenbaren. Sonst wartet er sehr lange an der Kreuzung, bis die Ampel auf Grün springt.

**Frau fragt sich**

»Mein Mann sagt mir ständig, dass seine Freunde mich attraktiv finden. Warum verschafft ihm das eine solche Genugtuung?«

Ganz einfach: Toller Job, tolles Auto, tolles Bankkonto, toller Körper, tolle Frau – all das trägt dazu bei, sich einen der vorderen Plätze in der Hierarchie der Alpha-Männchen zu sichern. Außerdem sind Sie attraktiv.

## Was Sie heute Abend sagen sollten!

Das Heißeste, was Joe, 36, jemals von einer Frau gesagt bekommen hat:

»Verdammt.«

Das Heißeste, was Amy, 23, jemals zu einem Mann gesagt hat:

»Baby, ich will dich, und zwar jetzt.«

## 2. Warum müssen Männer immer das Sagen haben?

*Wie Sie Ihre Beziehung im richtigen Moment verbessern können, und wie Sie die Zügel in die Hand nehmen sollten*

**? Männer, wie würdet ihr euer derzeitiges Sexleben benoten?**

| | |
|---|---|
| *Mit einer 1:* | 16 Prozent |
| *Mit einer 2:* | 28 Prozent |
| *Mit einer 3:* | 24 Prozent |
| *Mit einer 4:* | 14 Prozent |
| *Mit einer 5:* | 18 Prozent |

Falls Sie von der obigen Statistik schockiert sind, ist das nicht weiter überraschend. Sind nicht alle Männer froh, überhaupt Sex zu haben? Ist Sex für einen Mann nicht dasselbe wie ein Essensrest für einen Hund? Uns ist egal, ob es sich um Fast Food oder Kalbsfilet handelt? Diese Annahmen sind definitiv falsch. 56 Prozent der von uns befragten Männer bewerteten ihr Sexleben mit einer Drei oder schlechter. Von 2500 Männern finden 1440 ihre Schlafzimmeraktivitäten unbefriedigend – und ganz bestimmt sind nicht alle von ihnen mit Dame Edna zusammen.

Woran liegt das?

Die Männer, mit denen ich mich unterhalten habe – sei es bei unserer Umfrage, im Rahmen meiner Arbeit bei *Men's Health* oder in gut 30 Jahren Männergesprächen –, haben offenbar alle denselben Wunsch: Sie wünschen sich, ihre Freundin oder Frau würde im Schlafzimmer hin und wieder die Initiative ergreifen.

## Sagen Sie dies, nicht das!

**Sagen Sie:** Ich wünsche mir wirklich, dass unsere Beziehung funktioniert.
**Und nicht:** Ich weiß nicht, wie sich unsere Beziehung entwickeln wird.
**Denn:** Er weiß es auch nicht.

**Sagen Sie:** Ich würde gern deine Eltern kennenlernen.
**Und nicht:** Warum lädst du mich zu Thanksgiving nicht zu deinen Eltern ein?
**Denn:** Er weiß nicht, wie viel es Ihnen bedeutet, seine Eltern kennenzulernen, wenn Sie es ihm nicht direkt sagen.

**Sagen Sie:** Ich möchte mit dir zusammenziehen, bin aber bereit, noch zu warten.
**Und nicht:** Es wird höchste Zeit, dass wir zusammenziehen.
**Denn:** Männer kommen schneller in die Gänge, wenn man sie nicht unter Druck setzt.

Auf einer Skala von eins bis zehn (wobei eins ein narkotisierter Patient vor einem chirurgischen Eingriff ist und zehn ein zugekokster Rocker) bewerten Männer die sexuelle Aggressivität ihrer derzeitigen oder letzten Partnerin im Durchschnitt mit einer Fünf. Was wollen Männer? Unserer Umfrage zufolge wünschen wir uns eine Acht. Wenn man außerdem in Betracht zieht, wie Männer ihre beste sexuelle Erfahrung beschreiben, sticht ein Aspekt hervor: *Sie* übernimmt die Initiative. Die Aussagen der folgenden Männer sind typische Beispiele:

Andy, 31, Webdesigner aus Kalifornien, sagt, er habe den besten Sex seines Lebens gehabt, als seine damalige Freundin die Sache selbst in die Hand nahm, obwohl er dabei nur eine Nebenrolle spielte. »Sie hat spontan vor mir masturbiert und nicht zugelassen, dass ich sie berühre oder mich ausziehe«, sagt Andy. »Dann hat sie mich aufgefordert, ihr zu sagen, dass sie mich antörnt (und wie sie mich angetörnt hat!), und als ich ihr gesagt habe, wie sexy ich sie finde, ist sie immer näher gekommen, bis sie schließlich einen Orgasmus hatte.«

John, 27, Jura-Student aus Georgia, findet es äußerst antörnend, dass seine Freundin sich im Bett fast so aggressiv wie ein Mann verhält. »Als ich vor Kurzem nach Hause kam, hatte sie sich als unschuldiges Schulmädchen verkleidet. Mit allem Drum und Dran: Rock, Brille, Kniestrümpfen«, erzählt er. »Sie hat die Initiative ergriffen und sich rittlings auf mich gesetzt, bis sie einen Orgasmus hatte. Mein Gott, wie ich das liebe. Wir haben tollen Sex.«

Kyle, 36, der seit vier Jahren verheiratet ist, erklärt, dass

Aggressivität im Bett nichts damit zu tun hat, etwas Schräges oder Verrücktes zu tun, bei dem die Partnerin sich nicht wohl fühlt. Er erzählt: »Einmal hat mich meine Frau zuerst am Telefon in Fahrt gebracht, als ich noch im Büro war, und mir gesagt, sie könnte es kaum erwarten, dass ich nach Hause komme. Als ich schließlich daheim ankam, entdeckte ich auf dem Tisch im Flur eine Nachricht von ihr, dass ich mich ›ausziehen und ins Bett kommen‹ soll. Wir hatten unglaublichen Sex.«

Joseph, 31, der seit fünf Jahren verheiratet ist, sagt, sein bestes Erlebnis war, als seine Frau einmal von Anfang bis Ende die Zügel in die Hand nahm. »Als ich von der Arbeit nach Hause kam, war das Licht gedämpft, es lief Musik, und meine Frau hatte Reizwäsche an«, sagt er. »Sie empfing mich an der Tür, und wir küssten und berührten uns. Dann zerrte sie mich auf sich, packte mich am Hintern und zog mich stöhnend tief in sich hinein. Nachdem wir beide zum Orgasmus gekommen waren, schliefen wir ein.«

Wahrscheinlich denken Sie jetzt: Nehmen Männer etwa nicht gerne die Zügel selbst in die Hand? Findet ein Mann es nicht erregend, die Kontrolle zu haben? Hätten die meisten Männer nicht lieber den Spatz in der Hand als die Taube auf dem Dach? Darauf möchte ich Folgendes antworten: Brad Pitt und Angelina Jolie. Wenn die beiden das allgemein anerkannt heißeste Paar der Welt sind, dann frage ich Sie: Wer von den beiden bestimmt Ihrer Meinung nach, wo es im Bett langgeht?

Genau.

Männer sehen sich selbst gerne in der Rolle des Jägers. Doch wir möchten nicht unbedingt Beutelratten jagen, und wir wollen uns auch ganz sicher nicht auf die Seite legen und uns tot stellen. Wir haben lieber das Gefühl, dass sich zwei Lebewesen mit gleicher sexueller Kraft gegenseitig jagen und dass Sie ebenso forsch sind wie wir, nachdem wir Sie ins Visier genommen haben. Wir möchten, dass Sie »unseren dringenden Bedürfnissen entsprechen«, wie Bruce Springsteen es vielleicht formulieren würde. Sie besitzen die Fähigkeit, uns sexuell wieder aufzuladen: durch Bestimmtheit, durch Verführung und unter Umständen sogar durch ein bisschen Herumgenörgle. *Berühr mich hier. Ausziehen. Leg dich auf mich. Noch mal. Sofort.*

So lässt sich jeder Mann immer wieder gerne herumkommandieren.

## Wie offen sollte ich beim ersten Mal mit einem neuen Partner sein?

»Ich habe vor ein paar Wochen einen tollen Mann kennengelernt, und wir haben schon ziemlich viel rumgemacht, aber noch nicht miteinander geschlafen. Ich weiß, dass ich mich nicht mit den Frauen vergleichen sollte, mit denen er bereits im Bett war, doch insgeheim wünsche ich mir natürlich, dass ich die beste bin und er sich für immer an mich erinnert. Andererseits möchte ich nicht, dass er denkt, ich sei schräg drauf und würde gern die Peitsche schwingen. Was muss ich tun, um einen Mann im Bett zu beeindrucken, ohne dass er mich für zu verrückt hält oder, was vielleicht sogar noch schlimmer ist, für zu erfahren?«

Sie haben recht: Es ist ein Unterschied, ob man Begeisterung an den Tag legt oder eine bühnenreife Show abzieht. Ihr Ziel sollte es sein, ihm zu zeigen, dass Sie leidenschaftlich, aufgeschlossen und vor allem an ihm interessiert sind. Nicht beweisen müssen Sie uns Männern dagegen, dass Sie Cowgirl, Zirkusartistin und Opernsängerin in einer Person sind. Der Kitzel des ersten Mals – das beweist, dass eine Frau wie Sie einen armen Knilch wie ihn begehrt –, genügt vollkommen, um es zu etwas Besonderem zu machen.

Marcus, 29, Landschaftsarchitekt aus Florida, ist zum Beispiel der Meinung, dass das erste Mal mit einer Frau kein Indikator dafür ist, wie sich die sexuelle Beziehung einmal entwickeln wird. »Ich war schon mit Frauen zusammen, die beim ersten Mal ziemlich zurückhaltend waren«, sagt er. »Wie eine Frau wirklich im Bett ist, merkt man in der Regel erst später. Vielmehr törnt mich bei einer neuen Bekanntschaft an, wenn sie mir zeigt, dass sie scharf auf mich ist und fast verrückt wird, wenn sie mich nicht sofort haben kann.« Eine tolle sexuelle Erfahrung ist, als würde man auf große Fahrt gehen. Dazu wünscht man sich eine Beifahrerin, die begeisterungsfähig und abenteuerlustig ist, gut riecht und mit einem Schalthebel umzugehen versteht.

Wir brauchen keine Stunt-Fahrerin.

## Wie beurteilen Männer eine Frau im Bett?

»Ich weiß, wie es ist. Kein Mann würde jemals eine Frau im Bett kritisieren oder ihr irgendetwas anderes sagen, als dass sie toll ist. Denn er weiß genau, dass sie nie wieder mit ihm schlafen würde, wenn er das täte. Aber woran kann eine Frau erkennen, dass ein Mann sie tatsächlich für gut im Bett hält?«

Ich habe einmal für einen Chef gearbeitet, der seine Angestellten nicht dadurch in der Hierarchie zurückstufte, dass er sie zu sich ins Büro rief und ihnen die Nachricht persönlich übermittelte, sondern indem er eine Mitarbeiterliste ans schwarze Brett hängte, die den armen Tropf eine Stufe niedriger zeigte, als dieser sich wähnte. Das ist zwar nicht gerade die beste Methode, um das Vertrauen seiner Untergebenen zu gewinnen, es verdeutlicht jedoch eine Tatsache: Niemand überbringt gerne schlechte Nachrichten. Schon gar nicht an jemanden, mit dem er tagein, tagaus zu tun hat.

Wenn Männer aus der Schusslinie sind, sagen sie, dass sie Ihre »Darbietung« nicht bewerten und Sie nicht mit ehemaligen Bettgefährtinnen vergleichen. Sie bewerten Ihren Enthusiasmus – wie Sie auf ihre Berührungen reagieren und wie sehr Sie sie berühren möchten. »Ich hatte tolle Liebhaberinnen. Eine Exfreundin von mir hat sich jedes Mal etwas anderes einfallen lassen: rote Tücher über den Lampen, neue Stellungen, alles, was man sich vorstellen kann. Das war klasse«, sagt Brad, 32, Sportartikelvertreter. »Inzwischen bin ich mit einer anderen Frau zusammen. Der Sex mit ihr ist völlig anders und eher konventionell, trotzdem ist er toll und sehr intensiv, nur eben auf eine andere Art und Weise.« Wir Männer machen uns mehr Gedanken darüber, wann wir das nächste Mal Sex haben werden, als über den letzten Sex, den wir hatten. Männer verhalten sich zu Sex, wie sich Wile E. Coyote zum Roadrunner verhält: Selbst wenn wir das Gefühl haben, dass wir gerade einen Amboss auf den Kopf bekommen haben, planen wir bereits unseren nächsten Annäherungsversuch.

## Was es zu bedeuten hat, wenn …

***… er nicht bei Ihnen übernachten möchte.***

Männer sind praktisch veranlagt. Er macht sich keine Gedanken über die symbolische Bedeutung, die es hat, wenn er nach dem Sex Ihre Wohnung verlässt. Falls er am nächsten Morgen zur Arbeit muss, möchte er nach dem Aufwachen seinen eigenen Kleiderschrank und seinen eigenen Rasierapparat griffbereit haben.

***… er bei Ihnen übernachten möchte.***

Männer sind praktisch veranlagt. Er macht sich keine Gedanken über die symbolische Bedeutung, die es hat, wenn er nach dem Sex einschläft. Falls er am nächsten Morgen nicht zur Arbeit muss, ist es einfacher zu bleiben, als seine Sachen einzusammeln und zu gehen.

***… er irgendwo unter der Unterlippe frische Gesichtsbehaarung hat.***

Er hat gerade eine schwierige Trennung hinter sich.

Falls Sie jedoch wirklich wissen möchten, wie er Sie im Bett beurteilt, sollten Sie auf ein untrügliches Zeichen achten. Wie Sie wissen, zeigen sich viele Männer beziehungstechnisch von ihrer besten Seite, wenn sie es auf Sex abgesehen haben, indem sie besonders liebevoll, romantisch und einfühlsam sind. Ein Mann, der gerade tollen Sex hatte, zeigt sich beziehungstechnisch ebenfalls von seiner besten Seite.

## Wie viel Sex braucht ein Mann?

»Ich bin seit sechs Jahren verheiratet, und die Häufigkeit, mit der mein Mann und ich Sex haben, hat stark abgenommen: von drei bis vier Mal pro Woche auf ungefähr ein Mal in zwei Wochen. Ich kann keinen bestimmten Grund dafür nennen – vermutlich handelt es sich um eine Kombination aus Müdigkeit und dem Gefühl, dass der Sex zu sehr zur Routine geworden ist. Manchmal mache ich mir allerdings Sorgen, dass es meinem Mann nicht genügen könnte. Ich möchte, dass er zufrieden ist, aber es ist schwer, die Zeit und die Energie aufzubringen, um öfter miteinander ins Bett zu gehen. Ist unsere Beziehung in Gefahr?«

**MYSTERIUM MANN**

**72 Prozent der befragten Männer ergreifen im Bett öfter als jedes zweite Mal die Initiative (*MH*).**

Ganz einfach: Die meisten Männer verstehen und akzeptieren, was das Erwachsenwerden mit sich bringt. (Ich weiß, das gilt nicht für Charlie Sheen, aber für sein Verhalten habe ich einfach keine Erklärung.)

Tatsache ist, dass auch wir dem Druck von Job und Kindern ausgesetzt sind, uns manchmal sogar Sorgen wegen unseres Aussehens machen und uns fragen, ob wir in sexueller Hinsicht Ihren Ansprüchen genügen. Aus den Hochleistungs-Sexmaschinen, die wir waren, als Sie uns kennengelernt haben, sind womöglich lahme Mühlen geworden, und die Kreativität, die wir einst im Bett unter Beweis gestellt haben, gleicht inzwischen eher eintöniger Fließbandarbeit. John, 43, der seit 15 Jahren verheiratet ist, behauptet von sich, dass er Realist sei. »Ob ich erwarte, dreimal pro Woche mit meiner Frau Sex zu haben, wie damals, als wir frisch verheiratet waren? Nein. Mir fehlt

## Frau fragt sich

»Wenn ich beiläufig erwähne, dass er mal wieder zum Friseur muss (weil sein Haar lang und strähnig ist und er aussieht wie ein Obdachloser), wartet er absichtlich noch drei Wochen, bis er endlich geht. Warum tut er das?«

Weil ihm schon seine Eltern vor 20 Jahren gesagt haben, wann er sich die Haare schneiden lassen soll, wo er sich die Haare schneiden lassen soll und wie er sich die Haare schneiden lassen soll. Er lässt sich ebenso ungern sagen, dass er ungepflegt aussieht, wie Sie sich sagen lassen, dass Sie schleunigst einen Termin zur Wachsenthaarung vereinbaren sollten. Er besitzt einen Spiegel. Er wird bei Gelegenheit schon zum Friseur gehen.

dazu ebenfalls die Energie, auch wenn ich mir oft wünsche, es wäre anders«, sagt er.

Auch damit können die meisten von uns leben. (Mund halten, Charlie Sheen!) Doch wie bei allem, sollte der Rückgang der Quantität nicht mit einem Rückgang der Qualität einhergehen. John fügt hinzu: »Manchmal merke ich, dass meine Frau nur deshalb mit mir schläft, weil sie das Gefühl hat, es sei ihre ›Pflicht‹, nachdem wir eine Weile keinen Sex hatten. Ich finde nichts schlimmer als das.« Sie sollten sich also keine Gedanken über die Häufigkeit machen, sondern sich vielmehr gezielt einen Zeitpunkt aussuchen, wenn beide gleichermaßen in der Stimmung für Sex sind und ihn auch genießen können. Denn je älter man wird, desto besser versteht man, warum eine Flasche guter Scotch wertvoller ist als fünf Kisten Old Milwaukee.

## Männlichkeit gemeistert:

### *Was Sie jetzt über Männer wissen*

- Was Sex zu einem denkwürdigen Ereignis macht, ist die Tatsache, dass Sie ihn wollen.
- Was Ihr Engagement beim Sex betrifft, gilt: Lautstärke ist immer besser als Spielzeug.
- Männer sind auch in längeren Beziehungen zufrieden, solange das Augenmerk auf Qualität liegt und nicht auf Quantität.

## Was Sie heute Abend sagen sollten!

Das Heißeste, was Craig, 28, jemals von einer Frau gesagt bekommen hat:

»Ich liebe deinen Körper.«

Das Heißeste, was Diane, 31, jemals zu einem Mann gesagt hat:

»Ich bekomme einfach nicht genug von dir, von deiner Haut, von deinen Berührungen, von deinen Augen.«

## 3. Warum ist das Liebesleben von Männern ein ständiges Wechselbad?

*Das Sexleben von Männern beginnt, sobald sie morgens die Augen öffnen. Wenn Sie sich auf seine simplen Liebeszeichen einstellen, können Sie Ihre Beziehung in Schwung bringen – und zwar nicht nur im Bett.*

**Männer, was ist für euch das Wichtigste in einer Beziehung?**

| | |
|---|---|
| *Freundschaft:* | 62 Prozent |
| *Ähnliche Lebensziele und Träume:* | 30 Prozent |
| *Sex:* | 8 Prozent |

Es stimmt, dass sich manche Männer nichts mehr wünschen als 20 Minuten Sex, bei dem die Wände wackeln (okay, wahrscheinlich sind es eher dreieinhalb Minuten, aber wer sieht dabei schon auf die Uhr). Einige von uns lassen sogar das ganze Geturtel über sich ergehen, um ihn zu bekommen. Doch solche Typen sind ebenso wenig repräsentativ für amerikanische Männer wie Tara Reid für amerikanische Frauen. Ja, manche von uns sind so seicht wie ein Nichtschwimmerbecken, doch die meisten von uns haben ernstere – und romantischere – Absichten.

Selbstverständlich suchen Männer hin und wieder nur nach einer Frau, die schnell zu haben und noch schneller wieder loszuwerden ist. Doch die von uns befragten Männer haben zwei Punkte sehr deutlich gemacht: Ja, sie lieben Sex. Und nein, sie messen daran nicht den Erfolg einer Beziehung. In der Tat sagen 63 Prozent von ihnen, dass sie eine Frau, die beim ersten Date mit ihnen ins Bett geht, vermutlich nicht heiraten würden. Mehr als die Hälfte von ihnen behaupten sogar, Sex ohne emotionale Bindung komme für sie überhaupt nicht in Frage. Noch erstaunlicher ist die Verärgerung der Männer darüber, dass ihnen das Klischee anhaftet, sie seien penisschwingende Barbaren, deren Leben sich ausschließlich darum dreht, Neuland zu erkunden. Für viele Männer stellt Sex nichts weiter als ein (sehr süßes) Stück des Beziehungskuchens dar.

»Frauen müssen unser Bedürfnis nach Zuneigung verstehen«, sagt Keith, 26, Radioproduzent aus Nevada. »Es geht dabei genauso um Akzeptanz, Belohnung, Erleichterung und Liebe wie bei allem anderen auch. Wir brauchen nun mal offene physische Zuneigung, damit wir das Gefühl haben, geliebt und begehrt zu werden.«

»Unsere Wünsche unterscheiden sich nicht von den Wünschen der Frauen. Wir suchen nach dem einen Menschen, der uns jetzt und auf Dauer glücklich macht«, sagt Bob, 33, Manager in der IT-Branche. »Wir wünschen uns eine Frau, die in der Ehe nicht anders ist als bei den ersten Dates.«

»Ich glaube, die meisten Frauen sind sich nicht darüber im Klaren, dass Beziehungen für Männer ebenso emotional bindend sein können – und oft sind – wie für sie.« – Todd, 27

»Wir denken viel an Sex, aber Frauen sind uns wichtiger als Sex.« – Reed, 37

»Ich mag es, wenn eine Frau sehr direkt ist und keine Angst davor hat, mir zu sagen, dass sie ihrer Meinung nach die Richtige für mich ist.« – Jerry, 32.

Betrachten Sie die Geschichte von Richard, 31, Architekt aus Texas: In seinen Zwanzigern war er ein knappes Jahr mit einer Frau zusammen, mit der er den tollsten Sex seines Lebens

## Sagen Sie dies, nicht das!

**Sagen Sie:** Ich bin total scharf auf dich und kann es kaum erwarten, wieder Sex mit dir zu haben.
**Und nicht:** Wir haben seit Wochen nicht mehr miteinander geschlafen!
**Denn:** Das Offensichtliche beim Namen zu nennen, führt nicht dazu, dass es eintritt.

**Sagen Sie:** Lass uns am Wochenende in dieses kleine, dunkle Lokal gehen und unter dem Tisch rummachen.
**Und nicht:** Wir machen gar nichts Romantisches mehr.
**Denn:** Unterbreiten Sie ihm einen konkreten Vorschlag, dann wird er mitmachen.

**Sagen Sie:** Mach mein Bustier mit den Zähnen auf!
**Und nicht:** Möchtest du, dass ich Reizwäsche trage?
**Denn:** Die Antwort wird nein lauten – bis er Sie darin gesehen hat.

hatte. »Es war wirklich unglaublich«, sagt er. »Es gab nichts, was meine Freundin nicht gemacht hätte. Jedes Mal, wenn wir Sex hatten, hat sie versucht, sich selbst zu übertreffen. An manchen Abenden ist sie einfach zu mir gekommen und hat mich gefragt, was ich gern hätte, als wäre sie eine Kellnerin, bei der ich alles von der Speisekarte bestellen kann. Wenn ich müde war, konnte ich einfach sagen, dass ich gerne Oralverkehr hätte, und schon habe ich welchen bekommen.«

**MYSTERIUM MANN**

**34 Prozent der befragten Männer behaupten, ihr bestes sexuelles Erlebnis habe damit zu tun gehabt, wie ihre Partnerin nackt aussah.**

Richard zufolge war die Beziehung zwar gut, verursachte aber mehr Probleme als eine zehn Jahre alte Computer-Festplatte. Er hatte das Gefühl, dass er und seine Partnerin sowohl privat als auch beruflich unterschiedliche Ziele verfolgten. Abgesehen davon, dass sie beide gerne mit ihren Freunden feierten, konnten sie sich nicht einigen, wie sie ihre Wochenenden verbringen sollten (er war gerne an der frischen Luft, sie nicht). In seinem tiefsten Inneren hegte er außerdem ein gewisses Misstrauen ihr gegenüber und hatte den Verdacht, dass sie fremdging, obwohl er dafür nie Beweise hatte. »Als sie eines Abends erwähnte, wie sehr sie meine Eltern mag und wie gut sie sich die beiden als Schwiegereltern vorstellen könne, wurde mir plötzlich bewusst, dass ich keine Familie mit ihr gründen wollte«, sagt er. »Ein paar Wochen später haben wir uns getrennt. Der Sex mit ihr war unglaublich gut, doch das war kein Grund, die Beziehung fortzusetzen.«

Vielleicht hat Richard zu lange gebraucht, um sich dessen bewusst zu werden, oder sein Sexleben hat ihn glauben gemacht, die Beziehung könne auf lange Sicht funktionieren. Selbstverständlich wünschen sich die meisten Männer hin und wieder sexuelle Eskapaden, die der Klatschpresse alle Ehre machen würden, aber in Wirklichkeit sind wir Männer – obwohl wir Sex lieben, uns nach ihm sehnen und manchmal nicht genug davon bekommen können – nicht so seicht. Sondern viel tiefgründiger.

## Spielen Männer bewusst den Romantiker, um Sex zu bekommen?

»Vor ein paar Wochen hat mein Freund gesagt, dass er einen ganz besonderen Abend für uns beide plane. Ohne bestimmten Grund, er hat behauptet, er habe einfach Lust, wegzugehen und sich ein bisschen zu amüsieren. Also sind wir weggegangen. Zuerst in ein nettes Restaurant, dann zu einer unterhaltsamen Vorstellung in einem kleinen Theater, und anschließend hat er mich zum Tanzen ausgeführt (was er sonst nie tut). Er hat mir sogar eine Karte überreicht, auf die er geschrieben hatte, warum er mich liebt. Das hat mich natürlich ziemlich angetörnt, und wir hatten an diesem Abend noch tollen Sex. Anschließend hat er sich allerdings einfach umge-

**MYSTERIUM MANN**

**32 Prozent der befragten Männer sagen, sie hätten schon einmal eine Beziehung nur deshalb fortgesetzt, weil der Sex toll war.**

dreht und ist eingeschlafen. Und am nächsten Tag war alles wieder beim Alten. Ich weiß, dass Männer so gut wie alles dafür tun, um Sex zu bekommen. So schön der Abend auch gewesen sein mag, ich hatte fast den Eindruck, dass es nur inszeniert war, um mich scharf zu machen. Interpretiere ich das richtig?«

Na ja, nicht ganz. Betrachten Sie Männer doch einmal als Maschinen mit zwei Treibstofftanks. Einer davon ist der sexuelle, körperliche. Was es mit dem auf sich hat, wissen Sie ja: Wir können ihn einmal benutzen, aber dann müssen wir eine Zeit lang warten, bis wir auf Reserve schalten und ihn noch einmal benutzen können. Der zweite, unser romantischer Treibstofftank funktioniert in vieler Hinsicht genauso. Wir können ihn jederzeit benutzen, aber es dauert eine Weile, bis wir wieder genug Energie haben, um ihn erneut einzusetzen.

Sie müssen wissen, dass wir Männer gerne romantische Helden wären. Wir würden jederzeit den Romeo für Sie spielen, auch wenn wir wüssten, dass wir anschließend nicht mit Ihnen im Bett landen. Genau wie die berühmte Rockband, die sich für ein Konzert in einen kleinen Club zwängt, lieben wir die greifbaren Früchte dessen, was wir tun. Wir tun es aber ebenso aus Spaß an der Freude. Was uns anmacht, ist die Genugtuung, eine sensationelle romantische Darbietung abzuliefern.

Allerdings haben wir nicht genug Zeit, Energie und Kreativität, um Sie jedes Mal zu begeistern. »Es ist nicht so, dass ich nicht gerne die ganze Zeit romantisch wäre«, sagt der Pharmazeutik-Vertreter Jay, 33, der seit einem Jahr eine feste Beziehung hat. »Aber manchmal kostet es einfach eine Menge Energie, die Romantik an den Tag zu legen, die sie sich wünscht.« Kenny, 24, fügt hinzu: »Ich bin durchaus romantisch und gefühlsbetont. Nur manchmal habe ich Schwierigkeiten, es auch zu zeigen.«

Es gibt nun mal Zeiten, in denen wir die Zeit, die Energie und den Einfallsreichtum haben, um Sie mit unseren Liebesbekundungen zu überwältigen, genauso wie es Zeiten gibt, in denen Sie uns mit Ihren Bekundungen sexueller Leidenschaft überwältigen. Doch das eine hängt nicht vom anderen ab. Hin und wieder wollen wir einfach nur romantisch sein. Genau wie Sie hin und wieder einfach nur Sex wollen.

### Was es zu bedeuten hat, wenn ...

***... er nach dem Sex kuschelt:***

Es war unglaublich. Danke.

***... er sich nach dem Sex umdreht und einschläft:***

Es war unglaublich. Danke.

***... er nach dem Sex zum ersten Mal »Ich liebe dich« sagt:***

Es war unglaublich. Danke.

## Verschafft mir Sex die Zuneigung, die ich mir von einem Mann wünsche?

»Ich verstehe es einfach nicht. Ich weiß – vor allem, nachdem ich mich mit meinen Freundinnen ausgetauscht habe –, dass man sexuell kaum aggressiver sein kann, als ich es bin. Ich ziehe mich sexy an, probiere neue Sachen aus, habe Spaß am Sex und weiß, wie man einen Mann körperlich verwöhnt. Doch genau hier liegt das Problem: In den vergangenen zwei Jahren hatte ich keine Beziehung, die länger als vier oder fünf Monate gedauert hat. Ich halte mich durchaus für intelligent, witzig und kurzweilig, deshalb verstehe ich nicht, was los ist. Irgendwelche Ideen?«

Wenn ich noch ein Mal hören muss, dass eine Kandidatin der Kuppel-Fernsehshow *Bachelor* das Wort »Verbindung« in den Mund nimmt, wenn sie um eine Rose konkurriert, werde ich mich in den Dornen wälzen. Dieses Wort wird gerne benutzt, da es für Männer eine gewisse Bedeutung hat. Allerdings verstehen Männer unter »Verbindung« nicht nur die Funken, die fliegen, wenn Lippen aufeinandertreffen, sondern auch die Funken, die fliegen, wenn Worte über diese Lippen kommen. »Männer haben nicht nur Sex im Sinn«, sagt Matthew, 31, Assistenzarzt aus Kalifornien. »Sex kann man mit jeder haben. Ich wünsche mir eine Frau, die etwas im Kopf hat, die Sinn für Humor, verschiedene Begabungen, Verantwortungsgefühl und Reife besitzt. Mehr oder weniger dieselben Attribute, die sich Frauen auch bei einem Mann wünschen.« Ich weiß nicht, warum es mit Ihnen und Ihren bisherigen Freunden nicht funktioniert hat, aber ich kann Ihnen verraten, dass guter Sex aus einer guten Beziehung eine tolle Beziehung macht. In einer schlechten Beziehung sorgt guter Sex dagegen nur dafür, dass sie etwas länger dauert, als sie eigentlich dauern sollte.

## Warum lotsen uns Männer erst ins Bett und suchen anschließend das Weite?

»Der letzte Mann, mit dem ich mich regelmäßig getroffen habe, hatte den Dreh raus. Er ist mit mir ausgegangen, hat mir Komplimente gemacht, ohne dabei wie ein Gebrauchtwagenverkäufer zu klingen, hat mich angerufen, wenn er es mir versprochen hatte, und wir konnten uns toll unterhalten. Nach dem dritten Date haben wir miteinander geschlafen, und ab da ging alles den Bach runter. Wir sind danach zwar noch einmal miteinander weggegangen, aber er hat gesagt, er habe »kein gutes Gefühl« bei mir. Ich weiß, dass nicht alle Männer so sind – weil ich inzwischen mit einem tollen Mann zusammen bin –, trotzdem hasse ich es, wenn ich den Eindruck habe, dass sie nur mit mir in die Kiste steigen wollen. Woran erkenne ich, ob ein Mann wirklich an mir interessiert ist oder ob er mich nur ins Bett bekommen möchte?«

Selbstverständlich gibt es einige Männer, die in Sachen Sex die Rolle des Comic-Bösewichts übernehmen. Tagsüber verkleidet er sich als romantischer, liebevoller und ritterlicher Mann, der alles für Sie tun würde; nachts streift er jedoch seine normalen Klamotten ab und schlüpft in die Verkleidung seines Alter Egos, des Gauners. Sobald er seinen Mummenschanz ablegt, ist auch der Gauner – Hokuspokus – wieder verschwunden.

Wissen Sie was? Dieser Kerl ist die Ausnahme – er ist derjenige, der dem Rest von uns einen schlechten Ruf verschafft. Die meisten Männer wünschen sich nämlich durchaus, dass ihre Beziehung funktioniert. »Ich bin 33 und bin schon mit einer Menge Frauen ausgegangen«, sagt der Verlagslektor Dwayne aus New York. »Wenn ich keine Beziehung habe, verabrede ich mich mindestens ein bis zwei Mal pro Woche, und ehrlich gesagt gehe ich fast zu allen dieser Dates mit dem Gedanken – vielleicht ist es auch Hoffnung –, dass

**Frau fragt sich**

»Ich würde mich beim Sex am liebsten kopfüber an die Decke hängen, doch er hat anscheinend überhaupt keine Lust auf gewagte neue Stellungen. Warum?«

Vielleicht hat man ihn in seinem früheren Sexleben zum Missionar degradiert. Wenn ihm lange Zeit sexuelle Abwechslung verwehrt war, hat er vermutlich vergessen (oder traut sich nicht, danach zu fragen), wie viel Spaß ein Orgasmus kopfüber machen kann. Sie möchten seine Lust steigern? Dann helfen Sie ihm, indem Sie ihn in Versuchung führen.

es nicht bei ein paar Gläsern Wein und einem Teller Pasta bleibt.« Es mag zwar schwierig sein, die wirklichen Absichten eines Beziehungskandidaten zu beurteilen, aber ich bin der Meinung, dass Sie viel über ihn herausfinden können, indem Sie einen Blick auf die Frauen werfen, mit denen er bislang zusammen war. Unter Umständen können seine vergangenen Beziehungen Ihnen dabei helfen, seine Absichten zu ergründen. Falls er gerade eine längere Beziehung hinter sich oder mehr als zwei Hemdknöpfe offen hat, ist das ein sicheres Zeichen dafür, dass er vermutlich eher an einem One-Night-Stand interessiert ist als an einer ernsthaften Beziehung.

## Der beste Sex, den er jemals hatte

»Das war in einem Hotel. Wir hatten Sex, dann schliefen wir. Sobald einer von uns beiden aufwachte, befriedigte er den anderen im Schlaf. Innerhalb von acht Stunden hatten wir acht Mal Sex – beim letzten Mal 50 Minuten lang.« – Shane, 21

»Den besten Sex überhaupt hatte ich, als meine Partnerin und ich nach acht Monaten Trennung wieder zusammenkamen, denn das war, als wäre ich mit einer neuen Frau zusammen, von der ich genau weiß, was ihr gefällt.« – Lyle, 29

»Den besten Sex meines Lebens hatte ich, als wir uns einmal in Schale warfen, um wegzugehen. Sie hat mich den ganzen

Abend provoziert. Als wir endlich wieder zu Hause ankamen, war es, als wären wir 16.« – Danny, 28

»Sie war so in Fahrt, dass sie mir die Kleider vom Leib gerissen hat. Wir hatten 20 Minuten lang Sex, dann sind wir in inniger Umarmung eingeschlafen.« – Ken, 24

»Sie kam von der Arbeit nach Hause und trug einen schwarzen Rock, halterlose Strümpfe und eine enge weiße Bluse. Sie sah mich herausfordernd an und sagte, sie habe keine Unterhose an. Wir hatten an Ort und Stelle Sex auf dem Boden.« – Tony, 26

»Wir sind gleichzeitig gekommen.« – Michael, 25

»Am besten ist es, wenn wir beim Sex über unsere Fantasien sprechen.« – Tyler, 23

»Im Auto auf der obersten Ebene eines Kaufhaus-Parkhauses. Während eines Gewitters.« – Wayne, 38

»Das war völlig spontan. Als ich nach Hause kam, war sie schon richtig in Fahrt und zu allem bereit. Sie ist in der Küche über mich hergefallen.« – Ivan, 34

»Wir haben unsere Halloween-Kostüme angezogen.« – Brendan, 33

## Männlichkeit gemeistert:

***Was Sie jetzt über Männer wissen***

- Toller Sex verliert langfristig an Bedeutung, wenn die Beziehung ansonsten nur mittelmäßig ist.
- Wie Sie uns im Bett behandeln, ist uns ebenso wichtig wie die Art und Weise, wie Sie uns außerhalb des Schlafzimmers behandeln.
- Sex sollte nicht als Beziehungs-Sicherheitsgurt verwendet werden. Sie können ihn zwar mit Hilfe Ihres Körpers in der Beziehung gefangen halten, wenn er jedoch mit Ihrem Wesen, Ihrer Persönlichkeit und allem anderen unzufrieden ist, wird er früher oder später einen Weg finden, um sich zu befreien.

## Was Sie heute Abend sagen sollten!

Das Heißeste, was James, 24, jemals von einer Frau gesagt bekommen hat:

»Ich liebe dich über alles, aber wenn du nicht in zehn Sekunden nackt bist, ziehe ich mich wieder an.«

Das Heißeste, was Maria, 32, jemals zu einem Mann gesagt hat:

»Komm her.«

# 4. Warum sind Männer weniger gesprächig als Frauen?

*Die ganze Wahrheit über wortkarge Männer und wie Sie ihn mit drei simplen Tricks zum Sprechen bringen*

**? Männer, wie würdet ihr eure Zufriedenheit in eurer derzeitigen Beziehung benoten?**

| | |
|---|---|
| *Mit einer 1:* | 37 Prozent |
| *Mit einer 2:* | 38 Prozent |
| *Mit einer 3:* | 18 Prozent |
| *Mit einer 4:* | 5 Prozent |
| *Mit einer 5:* | 2 Prozent |

Zunächst einmal möchte ich Sie beglückwünschen: Knapp vier von zehn Männern bewerten ihre derzeitige Beziehung mit sehr gut. Insgesamt 98 Prozent benoten ihr Liebesleben mit ausreichend oder besser. Der Grund dafür? Dass Sie ziemlich erstaunlich sind.

Und hier kommt die große Ironie des Ganzen. Obwohl Männer alles in allem ziemlich glücklich in ihren Beziehungen sind, verbringen Frauen – genau die Menschen, die für das Glück von uns Männern verantwortlich sind – eine Menge Zeit damit, sich den Kopf zu zerbrechen, ob ihr Partner in der Beziehung bleiben möchte oder ob er bereits auf dem Sprung ist, um das Weite zu suchen. Frauen verbringen tatsächlich so viel Zeit damit, sich Sorgen zu machen, dass sie Männer oft bitten, mehr über ihre … oh Schreck! … Gefühle zu sprechen. Und wenn eine Sache aus einem zufriedenen Mann einen unzufriedenen machen kann, dann ist es die Bitte, mehr über seine Gefühle zu sprechen. Das ist ungefähr dasselbe, als würde man ein tolles Soufflee zubereiten, das genau dann, wenn man den Ofen aufmacht und nachsieht, in sich zusammenfällt.

Das soll jetzt nicht heißen, dass Sie einen Mann niemals nach seinen Gefühlen fragen dürfen. Allerdings ist es von alles entscheidender Bedeutung, wie Sie es tun: Sie müssen ihn mit List und Tücke dazu bringen, Ihnen sein Herz auszuschütten. Wenn Sie ihn drängen, wird er dagegen nur auf stur schalten, wie die folgenden Aussagen belegen:

»Auch wir haben Gefühle, die wir loswerden müssen, aber wir brauchen Hilfe, um sie loszuwerden.« – Grant, 35

»Männer möchten nicht immer über ihre Gefühle sprechen, aber das heißt nicht, dass sie diese Gefühle nicht in die Beziehung investieren.« – Stan, 31

»Uns wurde beigebracht, das meiste für uns zu behalten, damit es nicht so aussieht, als wären wir schwach oder unfähig, schnelle oder endgültige Entscheidungen zu treffen.« – Billy, 27

»Ihr möchtet, dass wir reden? Dann fragt uns bitte nicht nach unseren Gefühlen.« – Colin, 24

»Frauen wissen nicht, dass sich die meisten Männer eine emotionale Bindung wünschen, aber im Allgemeinen haben wir Schwierigkeiten zu kommunizieren und fressen unsere Empfindungen lieber in uns hinein. Ich kann meine Gefühle besser aufschreiben, als darüber zu reden.« – Garry, 29

## Sagen Sie dies, nicht das!

**Sagen Sie:** Wie denkst du darüber?
**Und nicht:** Was hast du für ein Gefühl dabei?
**Denn:** Er weiß, wie er die erste Frage beantworten soll, die zweite dagegen macht ihn nervös.

**Sagen Sie:** Ich wünschte, ich könnte das so sagen, dass du mich besser verstehst.
**Und nicht:** Du verstehst mich nicht.
**Denn:** An Kommunikationsschwierigkeiten sind immer zwei schuld.

**Sagen Sie:** Lass uns etwas unternehmen.
**Und nicht:** Lass uns reden.
**Denn:** Männer sind weniger angespannt, wenn sie sich körperlich betätigen.

**Sagen Sie alles:** Nur ein Mal.
**Und nicht:** Zehn Mal.
**Denn:** Das Wiederholen einer Aussage lässt diese in seinen Augen bedeutungslos erscheinen.

Für viele Männer gestaltet sich das Problem folgendermaßen: Über Gefühle zu sprechen ist für uns ungefähr das Gleiche, als würden wir mit einer gebürtigen Pariserin Französisch sprechen. Wie viel wir auch üben, wir werden die Sprache nie mit derselben Flüssigkeit beherrschen können. Deshalb müssen Sie – besagte attraktive Französin – uns die Angelegenheit ein wenig erleichtern.

Aus männlicher Sicht gibt es vor allem eines, was Sie lieber nicht tun sollten. Erstens, fragen Sie niemals direkt nach dem G-Wort: seinen Gefühlen. Dieses Wort in Gegenwart eines Mannes in den Mund zu nehmen, ist ungefähr dasselbe, als würden Sie sich währen eines Striptease die Zehennägel schneiden: absolut abtörnend. Der Grund dafür? Wir haben Gefühle, aber wir haben nicht denselben Zugang zu ihnen wie Sie. Deshalb entsteht bei uns während jeder Unterhaltung, in der es explizit um unsere Gefühle geht, der Eindruck, als handelte es sich dabei um die letzten 15 Minuten von *Criminal Intent – Verbrechen im Visier*, wobei wir der Täter sind und Sie die clevere Kriminalpolizistin, die mit dem Finger auf uns zeigt und andeutet, dass sie ein wenig mehr weiß als wir.

**MYSTERIUM MANN**

**27 Prozent der befragten Männer behaupten, sie streiten in erster Linie deshalb mit ihrer Frau oder Freundin, weil sie nicht über ihre Gefühle reden möchten.**

Sie wissen tatsächlich etwas mehr als wir. Sie wissen, was Sie fühlen. Wir dagegen wissen nicht, was wir fühlen. Wenn Sie uns also zum Reden bringen möchten, dann helfen Sie uns,

Ihre Sprache zu sprechen – indem Sie auch ein bisschen unsere Sprache sprechen.

»Eines Abends war meine Frau aus einem wirklich lächerlichen Grund wütend auf mich: weil ich mich mit ein paar Arbeitskollegen zum Mittagessen verabredet hatte und mich deshalb nicht mit ihr treffen konnte«, sagt Thomas, 35, Leiter der Buchhaltung eines Autohauses in New Jersey. »Als ich nach Hause kam, sagte ich ihr, dass sie sich völlig zu Unrecht aufregen würde, da ich das Treffen bereits seit langem ausgemacht hatte. Daraufhin meinte sie, dass es gar nicht um das Mittagessen gehe, sondern dass sie das Gefühl habe, ich distanziere mich in letzter Zeit von ihr. Anstatt mich anzuschreien oder mich zu fragen, wie ich zu unserer Beziehung stehe, hat sie einfach nur diesen Satz gesagt und ist gegangen. Ich hatte das Bedürfnis, mich zu rechtfertigen, und die Tatsache, dass sie schwieg, hat mich schließlich zum Sprechen gebracht. Ich habe ihr gesagt, dass mir mein Job zu schaffen macht, und zugegeben, dass ich gestresst bin und keinen besonders guten Ehemann abgebe – alles Dinge, die ich noch nie zuvor zugegeben hatte, obwohl wir seit sechs Jahren verheiratet sind.«

**MYSTERIUM MANN**

**65 Prozent der befragten Männer möchten nicht, dass ihnen ihre Partnerin noch mehr Fragen stellt.**

Der Punkt ist folgender: Wenn Sie möchten, dass wir Fragen nach unserem Gefühlszustand beantworten, dann hören Sie auf, uns nach unseren Gefühlen zu fragen. Beobachten Sie stattdessen, wie wir uns verhalten und wo unsere Interessen liegen. Und seien Sie offen, was Ihre Gefühle betrifft – je selbstverständlicher Sie sich offenbaren, desto leichter fällt es uns, dasselbe zu tun.

## Woher weiß ich, wohin unsere Beziehung führt?

»Ich habe das Gefühl, an einem Wendepunkt in der Beziehung mit meinem Freund angelangt zu sein. Wir sind seit ein paar Monaten zusammen, und am Anfang war alles wunderbar. Jetzt scheint es, als wären wir in die übliche Beziehungsroutine verfallen. Wir sehen uns während der Woche, leihen uns freitags einen Film aus und haben in der Regel zweimal in der Woche Sex (einmal davon nach dem Film). Er ist nett zu mir und behandelt mich gut, aber ich möchte, dass es wieder so wird, wie es einmal war. Er sagt mir ständig, dass alles in Ordnung sei, versichert mir, dass ihm viel an mir liege, und meint, dass ich mir keine Sorgen zu machen brauche. Trotzdem tue ich genau das, denn was er sagt, ist eine Sache, und was Woche für Woche passiert, ist eine andere. Irgendwelche Ideen, was in ihm vorgeht?«

Ja. In ihm geht genau das vor, was er sagt: Es ist alles in bester Ordnung. »Frauen denken immer gleich, dass es irgendwelche Probleme gibt, wenn Männer nicht über die Beziehung reden wollen, aber für uns ist genau das Gegenteil der Fall. Wenn wir nicht darüber sprechen, bedeutet das, wir sind glücklich«, sagt Conner, 32. Die Frage lautet also nicht: »Was denkt er?«, sondern: »Was denken Sie?« Falls Sie mit der Beziehung, die Sie

**Was es zu bedeuten hat, wenn …**

***… er zum ersten Mal »Ich liebe dich« sagt (nicht beim Sex):***

Er liebt Sie. Und das hat er schon getan, lange bevor er es Ihnen gesagt hat.

***… er als Antwort auf die Frage, wie sein Tag war, »Gut« sagt:***

Gut. Falls irgendetwas Bedeutsames passiert ist, wird er es Ihnen mitteilen – in ein paar Stunden.

***… er »Fünf« sagt, wenn Sie ihn fragen, mit wie vielen Frauen er schon geschlafen hat:***

Zwölf.

führen, zufrieden sind, so entspannen Sie sich und genießen Sie sie. Wenn Sie sich allerdings mehr wünschen, dann sagen Sie es. »Wenn ein Mann eine Frau liebt, beweist er das mit seinem täglichen Verhalten ihr gegenüber und nicht nur mit Worten«, sagt Jimmy, 27. Entweder legt er noch einen Zahn zu, oder das, was er momentan bietet, ist alles, was er zu bieten hat – in dem Fall sollten Sie sich überlegen, ob Sie dem Ganzen nicht ein Ende setzen.

## Warum beantworten Männer keine emotionalen Fragen?

»Eine gute Freundin von mir hat sich vor kurzem von ihrem Mann getrennt. Die beiden haben eine achtjährige Tochter, und meine Freundin und ihr Ex streiten inzwischen heftig um das Sorgerecht, um Geld und vor allem darum, wer das Mädchen wann sehen darf. Ich habe meinem Mann davon erzählt und wollte seine Meinung zu diesem wichtigen Thema hören. Eigentlich dachte ich, er würde sich darüber ernsthafte Gedanken machen, stattdessen hat er einfach nur mit den Schultern gezuckt und gesagt: ›Schlimme Sache.‹ Hat der Mann denn überhaupt keine Gefühle?«

Selbstverständlich hat er Gefühle, und er hat sie Ihnen auch mitgeteilt: Für ihn ist eine solche Situation eine schlimme Sache.

Oh, Moment … Sie hatten sich mehr erwartet? Das Problem ist folgendes: Sie wollten, dass er Ihre Sorgen teilt, doch das Signal, das Sie ihm gegeben haben, war undeutlicher als das eines Piratensenders. Hiermit wären wir wieder bei dem alten »Gefühls«-Rätsel angelangt. Möchten Sie von ihm wissen, wie er mit dem Thema Sorgerecht umgehen würde, dann fragen Sie ihn genau das; nämlich wie er mit diesem Thema umgehen würde. Möchten Sie von ihm wissen, ob er es für falsch hält, wenn einer von zwei Ehepartnern das Handtuch wirft, dann fragen Sie ihn genau danach. Aber fragen Sie ihn nicht nach seinen Gefühlen und erwarten Sie nicht von ihm, dass er Ihre Geschichte über die Nachbarn als eine Art Äsop-Fabel über Ihre Beziehung versteht. »Wir sind einfach gestrickt. Bitte keine Anspielungen und Annahmen«, sagt D. J., 26. »Sagt uns, was ihr meint, und meint, was ihr sagt. Lasst uns nicht raten, was ihr uns mitzuteilen versucht oder fühlt.«

D. J. ist ein kleiner Wunschdenker. Während Männer direkte Problem-A/Lösung-B-Gleichungen bevorzugen, gehen Frauen offensichtlich auf eine poetischere und metaphorischere Weise an Kommunikation heran. Deshalb ist die Verständigung zwischen den Geschlechtern auch so anstrengend. Männer haben nur dann Spaß an Spekulationen, wenn es um Fußball oder den Börsenmarkt geht. Das gilt jedoch nicht, wenn Sie uns bitten, Ihnen unsere Gefühle in Bezug auf irgendein wirklich wichtiges Thema zu vermitteln, wie zum Beispiel Trennung, Untreue oder Pizzabeläge. In diesem Fall erhalten Sie ausschließlich auf direkte Fragen die Antworten, die Sie hören möchten: Lass uns zusammenbleiben, ich werde dir immer treu sein und bitte keine Sardellen.

## Warum weigern sich so viele Männer, die gemeinsame Zukunft zu planen?

»Mein Mann und ich haben zwei gemeinsame Kinder, einen dreijährigen Sohn und eine sechsjährige Tochter. Da ich keine Lust mehr habe, die Pille zu nehmen, habe ich versucht, mit meinem Mann über Alternativen zu sprechen. Im Besonderen habe ich ihn gefragt, ob er noch weitere Kinder möchte. (Für mich käme durchaus beides in Frage.) Wenn er keine mehr möchte, sollten wir über eine Vasektomie sprechen. Aber er kann sich nicht entscheiden, ob er noch Kinder möchte oder nicht, und ist nicht besonders begeistert von dem Vorschlag, sich sterilisieren zu lassen. Warum sagt er mir nicht einfach, was er will, damit wir endlich planen können, wie es weitergehen soll?«

Ihre Frage enthält eine interessante Formulierung: »Für mich käme durchaus beides in Frage.« Das klingt, als wären Sie und Ihr Mann beide unentschlossen. Bei unseren Umfragen haben wir Männer zum Thema Vasektomie interviewt. John, 41, hat mit seiner Frau über die Möglichkeit gesprochen, dennoch haben die beiden Schwierigkeiten, der Frage auf den Grund zu gehen, wer von ihnen was möchte. »Keiner von uns will klipp und klar sagen, dass er keine Kinder mehr möchte. Die Tatsache, dass ich mich nicht sofort für eine Operation anmelde, bedeutet nach Ansicht meiner Frau, dass ich einen bösen Plan habe: Wenn ich sie eines Tages sitzen lasse, kann ich noch mit der nächstbesten 22-Jährigen Kinder haben. Dabei möchte ich mich einfach aus dem Grund nicht sterilisieren lassen, weil sich bislang keiner von uns endgültig gegen Kinder entschieden hat, und wenn sie irgendwann doch noch welche möchte, wäre ich dabei.«

Männer geben eben nur ungern zu, dass sie keinen Plan haben, und bei komplexen Themen wie diesem fällt es ihnen besonders schwer, eine Entscheidung für den Rest Ihrer beider

Leben zu treffen. Bis er sich sicher ist, wird er sich winden wie ein gestrandeter Seebarsch. Und eines Tages wird er dann seine Entscheidung verkünden.

Ich weiß, dass es schwierig ist, mit uns zusammenzuleben. Versuchen Sie bitte trotzdem nicht, ohne uns zu leben.

## Männlichkeit gemeistert:

***Was Sie jetzt über Männer wissen***

- Gefühle sind für uns ein rotes Tuch. Streichen Sie dieses Wort einfach aus Ihrem Smalltalk-Vokabular. Versuchen Sie es stattdessen mit gezielten Fragen wie: »Was denkst du über …?«
- Wenn wir nicht über Gefühle sprechen, haben wir den Eindruck, dass alles in Ordnung ist. Wenn wir über Gefühle sprechen, denken wir, dass alles den Bach hinuntergeht.

### Frau fragt sich

»Warum fällt es Männern so schwer, eine persönliche Botschaft auf eine Geburtstagskarte zu schreiben? Auf meiner steht jedes Jahr nur: ›In Liebe, dein Jim.‹ «

Auf dem fünfminütigen Rückweg vom Schreibwarengeschäft bleibt nicht viel Zeit, um sich etwas Schlaues einfallen zu lassen. Außerdem übermittelt er die Botschaft lieber bei einem netten Abendessen oder einem Theaterbesuch.

- Wenn Sie uns in die Enge treiben, verweigern wir Ihnen den Zugang zu unseren Gedanken. Gestehen Sie uns dagegen etwas Freiraum zu, offenbaren wir sie Ihnen.

## Was Sie heute Abend sagen sollten!

Das Heißeste, was Dale, 32, jemals von einer Frau gesagt bekommen hat:

»Was hättest du gerne zum Frühstück?«

Das Heißeste, was Tricia, 28, jemals zu einem Mann gesagt hat:

»Ich würde dich am liebsten aufessen.«

## 5. Was macht Ihrem Partner wirklich zu schaffen?

*Die dunklen Geheimnisse seiner Unsicherheit und warum nur die Frau, die er aufrichtig liebt, ihn aufmuntern kann*

**Männer, wie oft macht euch eure Frau oder Freundin Komplimente zu eurem Aussehen?**

| | |
|---|---|
| *Immer:* | 4 Prozent |
| *Oft:* | 19 Prozent |
| *Manchmal:* | 38 Prozent |
| *Selten:* | 25 Prozent |
| *Nie:* | 14 Prozent |

Lassen Sie mich raten: An dem Mann, mit dem Sie zusammen oder verheiratet sind, stört Sie vor allem die Tatsache, dass er in der »Einfach so«-Abteilung zu wünschen übrig lässt. Wenn Sie Geburtstag haben, besorgt er eine Karte und bestellt Blumen. Wenn Sie Hochzeits- oder Jahrestag haben, reserviert er einen Tisch im Restaurant. Für den Urlaub versucht er sogar (wenn auch eine Minute vor Ladenschluss) ein Geschenk auszusuchen, das zwei Nummern kleiner ist als Ihre normale Größe. (Wir sind schließlich nicht auf den Kopf gefallen.) Aber es ist Ewigkeiten her, dass Sie das letzte Mal »einfach so«

eine Glückwunschkarte, Blumen oder ein Schmuckstück bekommen haben.

Uns ist bewusst, dass wir mit spontanen Umarmungen, Komplimenten oder Wildblumensträußen, die wir auf dem Mittelstreifen der Autobahn gepflückt haben, bei Weitem nicht so großzügig sind, wie wir sein könnten. Auch ist uns bewusst, dass wir uns bessern müssen. Also zögern Sie nicht, uns gelegentlich einen Wink mit dem Zaunpfahl zu geben – wir wissen das zu schätzen.

Das Problem besteht allerdings darin: Männer geben keine Winke. Und wir brauchen gelegentlich einen Tritt in den Hintern.

Für Sie stellen Blumen, Karten oder das gelegentliche »Wow, deine Frisur sieht toll aus« eine Versicherung dar, dass wir zufrieden sind, dass wir verliebt sind und dass wir sogar die Schrecken eines Reality-Show-Marathons über uns ergehen lassen würden, wenn wir Sie damit glücklich machen können. Doch wir Männer würden niemals zugeben – nicht einmal unter Androhung von Folter und/oder einer Zwangspediküre –, dass wir insgeheim ebenso unsicher sind wie ein Schwerenöter auf einer Tagung von Scheidungsanwälten.

»Wir sind lange nicht so selbstbewusst, wie Frauen denken, und brauchen genauso viel, wenn nicht sogar mehr Bestätigung im Leben als Frauen«, sagt Scott, 30, Immobilienmakler aus Minnesota.

## Sagen Sie dies, nicht das!

**Sagen Sie:** Hey, Hübscher.
**Und nicht:** Hey.
**Denn:** Ein kleiner Teil in ihm beginnt dadurch tatsächlich zu leuchten.

**Sagen Sie:** Ich liebe dich sooooo sehr.
**Und nicht:** Ich habe dich lieb.
**Denn:** Er muss wissen, dass Ihre Leidenschaft nicht nachlässt.

**Sagen Sie:** Mein Gott, sieh dir diesen Trizeps an!
**Und nicht:** Das kommt in die Küche ans Fenster.
**Denn:** Ein Mann ist bei keiner anderen Gelegenheit so nahe dran, ein Action-Held zu sein, wie bei Renovierungsarbeiten in der Wohnung oder im Haus.

Weniger als 25 Prozent aller Männer bekommen nach eigener Aussage regelmäßig Bestätigung von der Frau an ihrer Seite, obwohl ihnen Bestätigung wichtiger ist als die samstägliche Dosis Fußball im Pay-TV. Im Gegensatz zu Ihnen legen wir keinen Wert darauf, dass Geschenke in einem Umschlag, einer Vase oder einer kleinen hellblauen Schachtel verpackt sind. (Sie hätten nicht gedacht, dass wir auf so etwas achten, nicht wahr?) Unsere Wunschliste sieht vielmehr folgendermaßen aus:

**Komplimente:** »Wenn du von mir erwartest, dass ich dir sage, wie toll du in deinem Kleid aussiehst, solltest du dasselbe über mich und meinen Anzug sagen. Keiner von uns beiden ist jeden Tag so angezogen. Wir haben das nur getan, um uns zu gefallen.« – Corey, 28

**Aufmerksamkeit:** »Eine Frau kann mir auf unterschiedlichste Weise zeigen, dass ihr etwas an mir liegt, und es ist schön, wenn sie es tut – durch ein Abendessen im Bett, durch ein gemeinsames Bad, durch Lob vor anderen Leuten.« – William, 35

**Verführung:** »Am ersten Valentinstag nach unserer Hochzeit rief mich meine Frau zu sich ins Badezimmer, wo sie von Kerzen und Süßigkeiten umgeben in der Wanne saß. Wow!« – Andrew, 32

**Anerkennung unserer Männlichkeit:** »Wir hören gern, wie stark, klug, einfühlsam, bedeutend, mächtig und gebildet wir sind, und ganz besonders gern, wie sehr wir geliebt werden. Sonst werden wir irgendwann paranoid.« – Chris, 30

**Zustimmung:** »Wir hören gern, dass wir das Richtige tun, und zwar auch bei Kleinigkeiten wie beim Müll-Hinausbringen. Ein Lächeln, ein sanfter Kuss auf die Wange oder auf den Hals und ein Dankeschön sorgen dafür, dass wir bereitwillig im Haushalt helfen.« – Gary, 34

Sie wissen ja selbst, wie Sie sich fühlen, wenn Ihnen Ihr Mann oder Freund unaufgefordert und unerwartet ein Kompliment macht: Das ist, als würde man eine Lupe in die Sonne halten – alles wird viel wärmer. Nur weil unser Inneres besser geschützt ist als in einem dreifach gesicherten Safe, bedeutet das nicht, dass Sie uns nicht knacken können.

Also lassen Sie uns einen Pakt schließen, der ab sofort gilt: Mehr für Sie, mehr für uns.

**Was es zu bedeuten hat, wenn …**

***… er sich weigert, mit Ihnen über den Status Ihrer Beziehung zu reden:***

Über die Beziehung zu reden, ist für ihn dasselbe, als würde er Geheimrezepte preisgeben: Sobald Sie wissen, wie etwas zubereitet wird, bleiben der ganze Spaß und der ganze Reiz auf der Strecke. Lassen Sie es laufen, wenn es gut läuft. Wenn es dagegen schlecht läuft, dann sprechen Sie über das spezifische Problem – nicht über »die Beziehung«.

***… es seit einem Monat toll mit ihm läuft, er aber noch kein* einziges Mal versucht hat, Sie ins Bett zu bekommen:**

Abonnieren Sie eine Hochzeitszeitschrift. Er vermutet, dass Sie die Richtige sind.

***… er Sie bittet, seine Familie kennenzulernen:***

Er hofft, dass Sie die Sache angehen wie ein erstes Date – mit Ihrem unwiderstehlichen Humor, Charme und Geschmack. Die Kritiker sind bereit, sich auf Sie zu stürzen.

## Warum muss ich ihn immerzu auffordern, im Haushalt zu helfen?

»Mein Mann und ich sind beide berufstätig. Vor Kurzem ist er vor mir von der Arbeit nach Hause gekommen, und ich habe mich über die Unordnung geärgert. Deshalb habe ich mich bei ihm darüber beschwert, wie es bei uns aussieht, und ihm gesagt, dass er sich ein bisschen mehr ins Zeug legen solle. Darauf hat er geantwortet, dass ich nicht an ihm herumnörgeln solle und dass er sich wünsche, ich würde etwas mehr zu schätzen wissen, was er tut. Was will er eigentlich? Soll ich mich bei ihm dafür bedanken, dass er sich um unsere

### Frau fragt sich

»Drei meiner Exfreunde haben so etwas Ähnliches gesagt wie: ›Wenn ich Millionär sein wollte, könnte ich einer sein. Geldverdienen hat für mich momentan nur nicht oberste Priorität.‹ Was soll diese Großspurigkeit? Ist das nur Fassade?«

Es ist das genaue Gegenteil davon – nämlich Unsicherheit. Er will Ihnen damit nur sagen, er weiß, dass sein Job in den Augen Ihrer Eltern vermutlich nicht optimal ist, aber er ist sich sicher, in spätestens zwei Jahren einen anderen zu haben. Eigentlich versucht er, Ihnen so Informationen zu geben, damit Sie Vertrauen in ihn haben, obwohl er selbst kein Vertrauen in sich hat.

Aktien und unsere Altersvorsorge kümmert? Er bedankt sich ja auch nicht jedes Mal bei mir, wenn ich eine Rechnung bezahle.«

Männer fühlen sich manchmal ebenso unterschätzt wie jemand, der die Kaugummis unter den Tischen in der Cafeteria entfernt. Versicherungsvertreter Marc, 35, arbeitet 50 bis 60 Stunden in der Woche, während seine Frau mit den drei Kindern (die alle jünger als sechs Jahre sind) zu Hause bleibt. »Ich weiß, dass ihr Job anstrengender ist als meiner, und wenn ich nach Hause komme, versuche ich ihr so gut ich kann zu helfen«, sagt er. »Sie betrachtet das als einen Teil meiner Verantwortung, was es auch ist, bedankt sich aber nur selten bei mir, dass ich sie für ein paar Stunden ablöse – obwohl ich mich dabei von einer Stresssituation in die nächste begebe.« Wenngleich es so erscheinen mag, erwarten Männer nicht jedes Mal Standing Ovations (oder irgendetwas anderes, das mit »O« beginnt), wenn sie den Müll hinausbringen. Wir möchten nur hin und wieder das hören, was auch Sie dafür erwarten, dass durch Ihren Einsatz in der Familie und im Haushalt alles wie geschmiert läuft: das berühmte Wort mit fünf Buchstaben.

**MYSTERIUM MANN**

**70 Prozent der befragten Männer legen Wert darauf, regelmäßig Komplimente zu bekommen.**

## Was ist das perfekte Geschenk für einen Mann?

»Ich weiß nicht mehr weiter. Was in aller Welt wünscht sich ein Mann zum Geburtstag? Da ich erst seit vier Monaten mit meinem Freund zusammen bin, will ich ihm weder etwas zu Schmalziges noch etwas zu Oberflächliches schenken. Irgendwelche guten Vorschläge?«

Das ist schwer zu sagen, ohne Ihren Freund zu kennen, aber in der Regel freuen sich Männer über Geschenke, die »sentimental praktisch« sind. Was das heißen soll? Das perfekte Geschenk ist nicht eines, das sich an einem der beiden Enden des Romantikspektrums befindet (ein graviertes Schmuckstück ist zu kitschig, ein Pullover zu kameradschaftlich). Der Trick besteht vielmehr darin, etwas zu finden, was beides kombiniert. Rechtsanwalt Ryan, 32, sagt: »Ich nehme an Wochenend-Triathlons teil – etwa sechs bis acht Mal im Jahr. Irgendwann hat meine Freundin ein paar alte Startnummern und Fotos von mir gefunden, sie in einen Rahmen gesteckt und mir zum Geburtstag geschenkt. Das fand ich super, weil ich es selbst nie gemacht hätte. Der Rahmen hängt jetzt bei mir im Büro.«

**MYSTERIUM MANN**

**34 Prozent der befragten Männer behaupten, dass sie ihr Bestes versuchen, um sich nach den Wünschen ihrer Frau oder Freundin zu verändern.**

Wenn Sie gar keine Geschenkidee haben, ist Geburtstagssex übrigens immer ein guter Last-Minute-Ersatz. Das gilt allerdings nur dann, wenn Sie genauso viel Spaß daran haben wie er. »Den schlechtesten Sex überhaupt hatte ich, als meine Freundin glaubte, mit mir ins Bett gehen zu müssen, weil ich Geburtstag habe«, sagt Mitch, 25. »Sex sollte Spaß machen und keine mechanische Turnübung sein, die man nur deshalb vollzieht, weil ein besonderer Tag ist.«

## Was hat es zu bedeuten, wenn ein Mann nicht mehr aufhört zu reden?

»Mein Freund spielt Softball in der Stadt-Liga. Ich schaue nur selten bei einem Punktspiel zu, weil ich zu dieser Zeit normalerweise arbeite oder zu müde bin, um mich aufzuraffen. Wenn er anschließend zu mir kommt – ein paar Biere später natürlich –, erzählt er mir ausführlichst, wer wie geworfen hat, wie oft er getroffen hat und so weiter. Sonst habe ich ihn nie so viel reden hören. Wie, in aller Welt ist es möglich, dass er 20 Minuten lang begeistert über ein Spiel redet, ich ihn aber nicht dazu bewegen kann, auch nur drei Worte zu unserer Beziehung zu sagen?«

Vielleicht haben Sie den Eindruck, dass er auf Komplimente für seine sportlichen Leistungen aus ist. Doch das ist ganz bestimmt nicht der Fall. Er fischt vielmehr nach Ihnen, damit Sie ihm auf seinem Boot Gesellschaft leisten. Er möchte eigentlich gar nicht über seinen Erfolg sprechen; sondern dass Sie dabei zusehen. Seine Show nach dem Spiel ist einfach seine Art, Ihnen indirekt zu sagen, was er wirklich will: dass Sie hin und wieder bei einem Spiel zusehen.

## Männlichkeit gemeistert:

### *Was Sie jetzt über Männer wissen*

- Einfache Komplimente über das Äußere eines Mannes entwaffnen ihn – und zaubern ihm ein Lächeln auf die Lippen.
- Viele Männer haben das Gefühl, dass sie sich im Leben immer nur abrackern und versuchen müssen, es ihrem Chef, ihren Kollegen, ihren Freunden, ihren Nachbarn und Ihnen recht zu machen. Ein kleines Zeichen der Anerkennung, mit dem Sie uns zu verstehen geben, dass wir mit unserem Tun Anklang bei Ihnen finden, motiviert uns, uns noch ein wenig mehr abzurackern.
- Im Zweifelsfall ist Sex immer ein schönes Geschenk – vor allem, wenn es raffiniert verpackt ist.

## Was Sie heute Abend sagen sollten!

Das Heißeste, was Sam, 34, jemals von einer Frau gesagt bekommen hat:

»Denk nicht schlecht über mich, aber ich [piep] für mein Leben gern.«

Das Heißeste, was Maya, 24, jemals zu einem Mann gesagt hat:

»Ich möchte dich in meinen feuchten, heißen Mund nehmen.« (per SMS)

## 6. Warum will er nicht über seine Gefühle sprechen?

*Weshalb Männer und Frauen unterschiedlich mit seelischen Schmerzen umgehen, und wie Sie ihn wieder aufpäppeln können*

**? Männer, wie oft denkt ihr an die Frau, die euch verlassen hat?**

| | |
|---|---|
| *Die ganze Zeit:* | 8 Prozent |
| *Sehr oft:* | 15 Prozent |
| *Manchmal:* | 50 Prozent |
| *Selten:* | 25 Prozent |
| *Nie:* | 2 Prozent |

Erinnern Sie sich noch an Ihre letzte Trennung? Wahrscheinlich haben Sie ein bisschen geweint, haben jeder Freundin, die bereit war, Ihnen zuzuhören, etwas vorgejammert und haben »Ihren« Song aufgelegt, ihn endlos oft abgespielt und dabei die Fotos von Ihrem Verflossenen in winzige Stücke gerissen.

Wissen Sie, was Ihr Exfreund getan hat? Er ist mit seinen Kumpels weggegangen und hat sich volllaufen lassen. Dabei hat er ihnen erzählt, dass er »total hinweg« über Sie sei, und vermutlich noch am selben Abend damit begonnen, irgendeine andere Frau anzubaggern.

Dieses Verhalten veranschaulicht einen der Hauptunterschiede zwischen Männern und Frauen – und erklärt, warum Sie die Trennung vier Monate später verarbeitet haben, während er Sie im Suff selbst nach Jahren immer noch anruft. (»Isch lieb disch doch. Isch vermiss disch sooo! Hicks.«)

Männer vermitteln gerne den Eindruck, dass sie eine gescheiterte Beziehung in derselben Zeit vergessen können, die sie brauchen, um sich einen Drink an der Bar zu holen. Doch die meisten von uns stecken ihren seelischen Ballast einfach unters Bett und beschäftigen sich nicht damit – bis sie müssen.

Nehmen Sie zum Beispiel Jonathan. Er ist 27 und vor Kurzem an die Uni zurückgekehrt, um ein Aufbaustudium in Sozialpädagogik zu absolvieren. Im ersten Semester hat er dort eine Frau kennengelernt, die er »TF« (Traumfrau) nennt. »TF und ich haben fast vier Monate lang jede Minute miteinander verbracht«, erzählt Jonathan. »Dann hat sie mir plötzlich eröffnet, dass sie mich eher als Kumpel betrachtet. Ich habe ihr gesagt: ›Für mich ist ein Kumpel jemand, mit dem ich ein Bier trinken gehe, und nicht jemand, der mir unter der Dusche den Rücken schrubbt.‹ Aber was soll's.«

Ihr gegenüber behielt Jonathan die Fassung und behauptete, er könne sie verstehen. Bei seinen Freunden schimpfte er dagegen wie ein Rohrspatz. Er sprach ständig von TF, fragte sich, was er falsch gemacht habe, kritisierte sich im Nachhinein dafür, dass er nicht härter um sie gekämpft hatte, und schmiedete sogar Pläne, um sie zurückzuerobern. (Drei Monate nach ihrer Trennung schenkte er ihr eine einzelne Blume zum Geburtstag, angeblich als Zeichen der Freundschaft, in Wirklichkeit jedoch in der Hoffnung, dass ihr bewusst werden möge, was für ein netter Kerl er ist.) Schließlich fing er wieder an, sich zu verabreden, doch selbst nachdem er mit zwei anderen Frauen geschlafen hatte, ertappte er sich nach ein paar Bieren dabei, dass er noch immer von TF sprach.

## Sagen Sie dies, nicht das!

**Sagen Sie:** Darf ich dein altes Fußballtrikot als Nachthemd verwenden? Es ist so bequem.
**Und nicht:** Ich fasse es nicht, dass du dieses zerlumpte Ding noch immer in der Öffentlichkeit trägst.
**Denn:** Dieses abgetragene Trikot birgt tausend wertvolle Erinnerungen.

**Sagen Sie:** Ganz schön dumm von ihr, dass sie dich hat ziehen lassen.
**Und nicht:** Warum möchtest du über deine Ex sprechen?
**Denn:** Da sie keine Bedrohung darstellt, können Sie es sich leisten, großzügig zu sein.

**Sagen Sie:** Ich möchte mit dir in Spanien Urlaub machen und dir alle meine Lieblingsplätze zeigen.
**Und nicht:** Lass uns in Spanien Urlaub machen. Mein Ex und ich hatten dort eine tolle Zeit. Es ist dort so romantisch!
**Denn:** Sie möchten doch in Spanien Urlaub machen, oder?

Kommt Ihnen das bekannt vor? Warum sind Männer so? Männer – insbesondere diejenigen, die eine gute Beziehung zu schätzen wissen, wenn sie eine haben – neigen dazu, sich daran zu erinnern, wie viel Zeit, Energie, Geduld und Beharrlichkeit nötig ist, um den richtigen Köder zu finden, ihn am Haken zu befestigen, die Angel auszuwerfen und zu warten und zu warten und zu warten, bis die Richtige anbeißt. Da wir so viel Zeit mit dem Versuch verbringen, den nächsten tollen Fisch zu fangen, fragen wir uns oft, ob wir die Richtige nicht schon erwischt hatten – und sie wieder haben entwischen lassen.

**MYSTERIUM MANN**

**78 Prozent der befragten Männer waren schon einmal buchstäblich »liebeskrank« (*MH*).**

Bedeutet das, dass Männer von ihren Expartnerinnen besessen sind? Bei manchen Männern trifft das sicherlich zu. (Die Beziehungsfrage, die uns bei *Men's Health* am häufigsten gestellt wird, lautet: »Wie erobere ich sie zurück?«) Im Großen und Ganzen können Sie jedoch davon ausgehen, dass Männer die Erinnerungen an ihre ehemaligen Beziehungen wie die Überreste eines chinesischen Essens behandeln und sie nach ein paar Tagen wegwerfen. (Für Jonathan waren allerdings 18 Monate und drei kurze Affären nötig, bis er die Frau fand, die seine Erinnerung an TF ausradieren konnte.) Für die meisten Männer ist eine gute neue Beziehung der beste Weg, um den Gedanken an eine gute frühere Beziehung ein Ende zu bereiten.

## Warum möchte er nicht über seine Ex sprechen?

»Mein Freund, mit dem ich seit ein paar Monaten zusammen bin, spricht nie über seine Exfreundin, mit der er zwei Jahre zusammen war, und eigentlich auch über keine andere ehemalige Beziehung. Ich habe ihn schon öfter gefragt, warum sie sich getrennt haben, doch er ist dann jedes Mal kurz angebunden und erzählt mir nur irgendeinen Mist wie: ›Wir haben uns auseinandergelebt.‹ Warum kann er nicht wie ein erwachsener Mensch darüber sprechen?«

### Was es zu bedeuten hat, wenn …

***… er sagt, dass er die Sache langsam angehen möchte:***
Gute Aussichten. Vermasseln Sie es nicht, indem Sie ständig fragen, wie Ihre Beziehung weitergehen soll.

***… er erwähnt, dass ihm seine Ex über den Weg gelaufen ist:***
Er möchte nicht, dass Sie sich Sorgen machen, was zwischen ihm und ihr in der Zukunft passieren könnte. Vielleicht fühlt er sich momentan aber auch nicht genügend geschätzt und möchte Sie daran erinnern, dass das in der Vergangenheit anders war.

***… er beim ersten Date ziemlich schweigsam ist:***
Er baut darauf, dass Sie sich aus Neugier noch einmal mit ihm treffen möchten.

Ich war einmal mit einer Frau zusammen, die genau dasselbe getan hat. Sie hat mir so viele Fragen über meine Exfreundin gestellt, dass ich mir vorkam wie bei einem Verhör. Sie hat mich gefragt, wie wir uns kennengelernt haben. Sie hat mich gefragt, wie es mit ihr im Bett war. Sie hat mich gefragt, warum wir uns getrennt haben. Und jedes Mal, wenn wir in ein neues Restaurant gegangen sind, hat sie mich gefragt: »Bist du mit iiiiihr auch hierhergegangen?« Sie hat mich regelrecht gelöchert mit Fragen, trotzdem habe ich beharrlich geschwiegen. Warum? Aus verschiedenen Gründen. Zum einen, weil es respektlos gegenüber Ihnen oder unserer Expartnerin wäre, von dem wilden Abend im Parkbrunnen zu erzählen. Selbstverständlich haben wir einige tolle Erinnerungen an diese Frau – wenn wir aber den Film mit den Highlights abspielen möchten, bevorzugen wir eine Privatvorstellung. Tipp: Je weniger Sie über Ihre Vorgängerin sprechen, und je mehr Sie sich auf uns konzentrieren, desto schneller werden wir die Geschichte mit dem Brunnen vergessen.

## Was soll ich davon halten, wenn er mich mit dem Namen seiner Ex anspricht?

»Als ich eines Abends zusammen mit meinem Mann Hausarbeit erledigte, sprach er mich plötzlich mit dem Namen seiner Exfreundin an. Er war mit ihr vor mehr als drei Jahren zusammen, kurz bevor wir uns kennengelernt haben. Ich war schockiert, und ich weiß, dass er es war. Da es nicht beim Sex passiert ist, bin ich nicht wirklich wütend, frage mich aber trotzdem, ob er öfter an sie denkt. Trifft er sich vielleicht sogar mit ihr? Wünscht er sich, er wäre wieder mit ihr zusammen? Wie ist er sonst auf den Namen gekommen?«

Einer meiner verheirateten Kollegen kam eines Tages völlig durcheinander zur Arbeit. Er hatte seine Frau versehentlich Julia genannt (ihr richtiger Name ist Jill), als er aus dem Haus ging. »Sie hat darauf bestanden, zu erfahren, warum ich Julia zu ihr gesagt habe, und glaubt jetzt, ich hätte eine Affäre oder sei an einer anderen Frau interessiert«, erzählte er uns. Also fragten wir ihn, was los sei. Er hatte keine Ahnung; er hatte nie etwas mit einer Julia gehabt. Männer wissen, dass es nur wenige Beziehungssünden gibt, die schlimmer sind, als Ihnen ei-

### Frau fragt sich

»Warum prahlen so wenige Männer damit, wie toll ihre Frau ist – ob in ihrem Job oder bei einem Hobby? Es hat den Anschein, als wollten manche Männer ihrer Frau einfach keine Anerkennung schenken.«

Viele Männer fühlen sich unwohl dabei, wenn sie ihre Frau loben, weil sie befürchten, großspurig zu wirken, und Angst haben, ihre Freunde könnten meinen, sie stünden völlig unter der Fuchtel ihrer Frau. Das ist nicht richtig, nicht fair und auch nicht besonders clever, trotzdem ist es so.

nen falschen Namen anzuhängen (ganz egal, ob im Bett, beim Abendessen oder bei den Schwiegereltern). Falls es tatsächlich einmal zu einer Namensverwechslung kommen sollte, gibt es dafür höchstwahrscheinlich einen harmlosen Auslöser. Entweder hat er unbewusst etwas in einer Fernsehsendung aufgeschnappt, etwas gelesen oder eine andere Kleinigkeit hat eine flüchtige Erinnerung an seine Ex wachgerufen. Wenn er tatsächlich fremdgeht oder sich nach seiner Verflossenen sehnt, würde er ganz genau darauf achten, diese Sünde nicht zu begehen.

## Vergleichen Männer uns mit ihren Expartnerinnen?

»Ich bin mit einem Mann zusammen, der drei Jahre lang verheiratet war. Er hat keine Kinder mit seiner Exfrau, aber die beiden reden ziemlich viel miteinander – etwa zwei bis drei Mal in der Woche. Auch erwähnt er sie immer wieder in unseren Unterhaltungen. Als wir uns vor kurzem über irgendeine Lappalie stritten – es ging nur ums Parken beim Einkaufen –, erwähnte er einen Streit, den er mit seiner Ex über eine ähnlich lächerliche Sache gehabt hatte. Warum spielt diese Frau immer noch eine Rolle in unserer Beziehung?«

Bei unserer Umfrage hat uns der 37-jährige Gary berichtet, dass seine Frau ein ähnliches Problem hat – und dass die beiden sich deshalb manchmal heftig streiten. »Meine Frau sagt, es sei respektlos von mir, den Namen meiner Ex auch nur zu erwähnen, selbst wenn ich ihr damit veranschaulichen möchte, dass sie sich dumm verhalten hat«, sagt Gary. Angeblich wollte er nur erklären (was vielleicht verkehrt war, da er weiß, wie sehr es seine Frau stört), welche Fehler er und seine Exfrau gemacht hatten, damit er und seine jetzige Frau nicht dieselben Fehler noch einmal machten. Obwohl das Erwähnen des Namens einer Expartnerin ungefähr genauso romantisch ist, wie jemandem Eiswürfel in den Kragen zu stecken, bin ich der Ansicht, dass Männer über ihre Verflossenen sprechen, um ihre Erfahrungen zu kommunizieren und nicht, um ihrer aktuellen Partnerin zu verstehen zu geben, dass sie unzufrieden sind.

## Was Frauen nach Ansicht von Männern über Männer wissen sollten

»Den meisten Frauen ist nicht bewusst, dass Männer Sex brauchen, um eine emotionale Bindung aufzubauen.« – Randy, 33

»Männer möchten ebenso sehr gemocht werden, wie sie geliebt werden wollen. Nichts ist so antörnend wie Intimität. Wenn eine Frau uns ihre Fantasien und Wünsche offenbart, tun wir alles, um es ihr recht zu machen.« – Wes, 39

»Wir gehen in einen Laden, um uns Jeans zu kaufen, und kommen nur mit den Jeans wieder heraus. Frauen denken, dass mit uns irgendwas nicht stimmt, weil wir zu unseren neuen

Jeans kein neues Hemd, keine neue Krawatte, keine neuen Schuhe und kein neues Portemonnaie gekauft haben. Sie erwarten, dass wir dieselben Denkprozesse durchlaufen wie sie, aber da täuschen sie sich.« – Lee, 28

»Wir sind selbst im Schlaf bereit für Sex.« – Ed, 40

»Wir wundern uns, warum Frauen immer wieder Mental-Aerobic von uns verlangen, indem sie uns hypothetische Fragen stellen, die kein normaler Mann ehrlich beantworten würde. Es sei denn, er legt es darauf an, einen Tritt in die Weichteile zu bekommen oder auf die Couch verbannt zu werden. Beispiel: ›Würdest du manchmal gerne mit einer meiner Freundinnen ins Bett gehen?‹« – Ross, 42

»Andeutungen verstehen wir einfach nicht.« – Charles, 27

»Männer sind emotionale Wracks. Sie wissen nur nicht, wie sie das kommunizieren sollen.« – Juan, 30

»Ich heule jedes Mal, wenn Lois Lane herausfindet, dass Clark Kent tatsächlich Superman ist.« – Kevin, 32

»Wenn eine Frau den Weg ins Herz eines Mannes finden möchte, sollte sie so tun, als wäre er noch zwölf.« – Richard, 44

»Wir brauchen Zeit zum Spielen.« – Luke, 34

»Frauen wissen gar nicht, wie wahnsinnig es uns macht, wenn sie uns fragen: ›Woran denkst du gerade?‹ Manchmal denken wir nämlich überhaupt nicht.« – Leon, 39

»Wahrscheinlich gibt er sein Bestes. Erkennen Sie es einfach an.« – Seth, 43

»In Fernsehsendungen und Werbespots werden Männer oft wie Idioten dargestellt. In fast jeder Komödie geht es um einen dummen Mann, der von seiner Frau und seinen Kindern ausgetrickst wird. Männern wird also ständig der Eindruck vermittelt, sie müssten weder schlau noch achtsam sein, weil Frauen sich ohnehin um alles kümmern. Wenn Frauen eine Beziehung eingehen, rechnen sie nicht damit, dass sie es mit einem echten Mann zu tun bekommen.« – Carter, 45

»Insgeheim haben Männer ständig Angst, dass sie irgendetwas falsch gemacht haben.« – Nelson, 44

»Wir machen aus Spaß Dummheiten.« – Larry, 28

»Jeder Mann möchte sich so gut er kann um die Frau an seiner Seite kümmern. Wir haben eine raue Schale. Männer sind Ernährer, Beschützer und Väter.« – Evan, 31

»Wir kratzen uns, weil es juckt.« – Jon, 25

»Die Sache mit der Fernbedienung. Eigentlich möchten wir gar nicht dasitzen und durch die Programme zappen, aber wir haben einfach keine andere Wahl. Unsere Vorfahren vor Tausenden von Jahren waren Jäger und Sammler. Die Männer waren die Jäger. Ihre Aufgabe? Wie verrückt durch die Wälder zu laufen und Tiere zu jagen, die sie erlegten, damit ihre Familien etwas zu essen hatten. Deshalb sind wir genetisch darauf programmiert, viele verschiedene Dinge zu betrachten, als würden wir gerade durch den Wald laufen. Wir reagieren auf Bewegungen. Frauen waren dagegen Sammlerinnen. Ihre Aufgabe? Langsam durch die Wälder zu streifen und anhand von Farbe, Geruch und Größe zu entscheiden, welche Beeren reif und zum Verzehr geeignet waren. Was das zu bedeuten hat? Männer interessieren sich für die Jagd, für Sport, Zappen, Videospiele – für alles, was eine Menge Action verspricht. Frauen sind genetisch darauf programmiert, Farben, Größen und Formen zu vergleichen und gehen deshalb so gerne … shoppen.« – Hal, 44

»Wir sind keine komplizierten Kreaturen. Die drei wichtigsten Dinge für uns sind Essen, Sex und Sport (nicht unbedingt in dieser Reihenfolge). Frauen sollten nicht alles, was wir sagen oder tun, bis ins letzte Detail analysieren. Meistens meinen wir, was wir sagen. Wenn wir andere Frauen ansehen, heißt das noch lange nicht, dass wir auch mit ihnen schlafen werden. Wir machen oft Fehler. Es fällt uns schwer, ›Entschuldigung‹ zu sagen. Lassen Sie uns Zeit und geben Sie uns die Gelegenheit, es auf unsere Weise auszudrücken.« – Frank, 38

»Meiner Meinung nach lieben Frauen einfach auf eine blumigere und rosafarbenere Art und Weise. Als ich eine Abends mit meiner Verlobten aus dem Kino kam und mir richtig übel war, legte sie mir die Arme um den Hals und fragte mich: ›Woran denkst du?‹ Ich antwortete: ›Ich hoffe, dass ich nicht kotzen muss‹, worauf sie erwiderte: ›Das war nicht die Antwort, die ich hören wollte‹, obwohl sie wusste, dass mir schlecht war. Auf dem Weg zum Auto bewunderte sie den Vollmond, und da sie dachte, dass ich ihn ebenfalls bewundern würde, rechnete sie mit irgendeiner romantischen Anspielung von mir, aber nein, ich habe mich übergeben.« – Sam, 37

»Uns ist es egal, ob die Unterhose einer Frau zu ihrem BH passt.« – Bill, 27

## Männlichkeit gemeistert:

***Was Sie jetzt über Männer wissen***

- Frauen leiden unter kurzen Schüben akuter Sentimentalität. Männer leiden unter langwieriger, chronischer Sentimentalität.
- Falls Sie einen Expartner haben, mit dem Sie gerne wieder zusammenkommen möchten, stehen Ihre Chancen gut. In Bezug auf Trennungen sind Männer extrem inkonsequent.
- Wenn Sie darauf warten, dass er über seine Exbeziehung hinwegkommt, bevor Sie sich mit ihm einlassen, machen

Sie einen Fehler. Jeder Mann tröstet sich gerne mit der Nächsten über die Letzte hinweg. Er ist durchaus bereit für etwas Neues, und wenn Sie es ihm nicht glauben, wird es eine andere tun.

## Was Sie heute Abend sagen sollten!

Das Heißeste, was Mike, 26, jemals von einer Frau gesagt bekommen hat:

»Niemand kennt meinen Körper so gut wie du.«

Das Heißeste, was Michelle, 32, jemals zu einem Mann gesagt hat:

»Leg dich hin!«

## 7. Wie schaffen Sie es, bei ihm im Mittelpunkt zu stehen?

*Weshalb Männer wesentlich formbarer sind, als Sie denken, und wie Sie aus einem ungehobelten Klotz den Mann Ihrer Träume schnitzen*

**Männer, was sind eure Lieblings-Sexfantasien? (Mehr als eine Antwort möglich.)**

| | |
|---|---|
| *Er ist Patient, sie ist Krankenschwester:* | 68 Prozent |
| *Er ist Student, sie ist Professorin:* | 62 Prozent |
| *Er ist Professor, sie ist Studentin:* | 55 Prozent |
| *Er ist Patient, sie ist Ärztin:* | 52 Prozent |
| *Die beiden sind Fremde:* | 50 Prozent |
| *Er ist Hausbesitzer, sie ist Dienstmädchen:* | 49 Prozent |

Zu Beginn unseres Sexlebens waren wir zugegebenermaßen ziemlich egoistische Kreaturen. Vielleicht hat es schon in der Schule begonnen, als Barbi Benton, Hugh Hefners Ex, die einzige Frau war, der wir es recht machen mussten. Sie verlangte zum Glück nicht viel von uns: Ganz egal, was wir taten, sie hörte nicht auf, uns glücklich von dem Poster in unserem Zimmer anzulächeln. Vielleicht ging es an der Uni weiter, wo unser Hauptaugenmerk darauf lag, herauszufinden, wie – und wie oft – wir einen Treffer landen konnten. Jetzt, da wir älter sind, leiten wir unseren Egoismus um, sodass unsere tollsten sexuellen Erlebnisse für viele von uns weniger damit zu tun haben, unseren eigenen Körper zu befriedigen, sondern eher damit, Ihren Körper zu befriedigen – und unser Ego.

Tatsächlich behaupten 49 Prozent aller Männer, dass sie ihr bestes sexuelles Erlebnis hatten, als sie einer Frau ein physisches Vergnügen bereiteten, das ihre kühnsten Träume übertraf. Wir wünschen uns zwar, dass Sie aggressiv und kreativ sind und uns mit Ihren Fingern, Lippen und Zehen in Erstaunen versetzen, setzen aber auch unsere sexuelle Identität auf die Tatsache (oder Hoffnung?), dass uns dasselbe bei Ihnen gelingen möge.

## Sagen Sie dies, nicht das!

**Sagen Sie:** Lass uns was zusammen unternehmen!
**Und nicht:** Ruf mich an, wenn du was unternehmen möchtest.
**Denn:** Wenn Sie sich mehr Mühe geben, wird auch er sich mehr Mühe geben.

**Sagen Sie:** Also, wie viele andere Frauen muss ich ausstechen, damit wir beide ein Paar werden?
**Und nicht:** Ich will, dass du dich nur mit mir triffst.
**Denn:** Ernste Unterhaltungen müssen nicht unbedingt ernst sein.

Sehen Sie sich an, was diese Männer sagen:

»Den besten Sex meines Lebens hatte ich mit meiner derzeitigen Freundin, und zwar, als wir zum ersten Mal miteinander geschlafen haben. Wir waren uns beide nicht sicher, was wir davon erwarten sollten, aber ich wusste ganz genau, wie ich sie verwöhnen wollte. Sie war begeistert, wie viel Aufmerksamkeit ich ihr schenkte und dass ich so selbstlos war.« – Brian, 29

»Das Tollste war, als sie innerhalb von 30 Minuten sieben Orgasmen hatte.« – Evan, 34

»Mein oberstes Ziel beim Sex ist, meiner Partnerin zu einem tollen Orgasmus zu verhelfen. Ich weiß, dass ich kommen werde, deshalb möchte ich sichergehen, dass sie ebenfalls kommt. Beim Oralverkehr übernehme ich sogar lieber den aktiven Part als den passiven. Das törnt mich einfach mehr an.« – Jayson, 30

»Ich hatte erst das zweite Mal Sex mit dieser Frau. Da wir beide geschieden sind und Kinder haben, war es schwierig, sich loszureißen. Wir fuhren mit meinem Van an einen abgeschiedenen Ort und hatten dort eine wundervolle Nacht. Ich brachte sie viermal zum Orgasmus (ein persönlicher Rekord für sie, wie sie mir anschließend verraten hat). Außerdem war sie sehr beeindruckt davon, wie ich meine Finger und meine Zunge eingesetzt habe. Ich muss sagen, dass ich von ihr ebenfalls beeindruckt war. Damals war ich 40. Sex mit über 40 ist klasse.« – Rick, 42

»Ich liebe es, meine Partnerin oral zu befriedigen. Ich liebe es, wie sie darauf reagiert, was ich mit ihr und für sie tue. Ich habe immer das Gefühl, dass es ihr gefällt, und das macht das Ganze so toll.« – Brock, 29

»Wir sind übers Wochenende zusammen weggefahren und hatten ein Haus mit einem Whirlpool und einem offenen Kamin. Noch bevor wir auspackten, zog ich sie komplett aus und legte sie über die Sofalehne. Während das Feuer prasselte, habe ich ihren ganzen Rücken von oben nach unten geküsst, dann habe ich sie umgedreht und dasselbe vorne gemacht. Ich habe sie oral befriedigt, bis sie einen Orgasmus hatte.« – Rudy, 40

»Das Schönste für einen Mann ist, wenn die Frau, die er liebt, zum Orgasmus kommt.« – Matthew, 32

### Was es zu bedeuten hat, wenn …

***… er eifersüchtig ist, weil Sie mit Ihren Freundinnen ausgehen:***

Er sorgt sich nicht darüber, was Sie tun werden. Vielmehr macht es ihn fertig, dass andere Männer Sie ansehen, mit Ihnen sprechen, Ihnen Drinks ausgeben und sich fragen werden, welche Farbe Ihr BH wohl haben mag.

***… er nicht tanzen kann oder will:***

Tanzen ist dasselbe, wie in der Öffentlichkeit eine Rede zu halten. Er hasst es, dass es bei ihm womöglich dumm aussieht – vor allem, weil es bei Ihnen so gut aussieht.

***… er Ihren Geburtstag vergisst:***

Er weiß, dass er sich damit gehörig in die Nesseln gesetzt hat – und zwar für lange Zeit.

»Sie hat mich aus irgendeinem erotischen Roman aus dem frühen 19. Jahrhundert vorlesen lassen, während sie mich oral verwöhnt hat. Dann ist sie auf mich geklettert, und ich habe weitergelesen, bis ich mich nicht mehr beherrschen konnte« – Cameron, 29

Fazit: Wir kommen in Fahrt, wenn Sie in Fahrt kommen.

Neben unserer vermeintlich selbstlosen Seite besitzen wir natürlich auch noch eine weniger selbstlose Jekyll-Seite. Wenn wir Sie zufriedenstellen, haben wir das Gefühl, unseren Rang auf Ihrer Allzeit-Bestenliste zu behaupten. (Sie führen doch solche Listen, oder?) Wenn Sie zufrieden sind, können wir mit der ultimativen Belohnung rechnen: Erwiderung.

**MYSTERIUM MANN**

**71 Prozent der befragten Männer sagen, sie wären beim Geschlechtsverkehr gerne ausdauernder (*MH*).**

Allerdings gibt es einen Haken: Wir wissen, dass der Körper einer Frau keine Tastatur ist. Nur weil wir dieselben Tasten in derselben Reihenfolge drücken, können wir noch lange nicht dieselben Ergebnisse erwarten. Wir wissen, dass jede Frau anders auf Stimulation reagiert, aber wir wissen leider nicht immer, was Sie sich wünschen und wie Sie auf Geschwindigkeit, Druck, Feuchtigkeit, Dauer und all die anderen Variablen reagieren, die Sie glücklicher machen können als Paris Hilton bei einem Fotoshooting.

Deshalb wünschen wir uns, dass Sie uns einweihen.

Terry, 27, war seit ungefähr neun Monaten mit einer Frau zusammen. Anfangs hatten die beiden tollen Sex, doch nach einiger Zeit stellte er fest, dass seine Freundin nicht mehr so viel Spaß daran hatte wie zu Beginn der Beziehung. Also fragte er sie, ob er irgendetwas falsch mache. »Sie hat mir gesagt, dass alles in Ordnung sei, ihre Orgasmen aber nicht mehr so seien wie früher – oder zumindest nicht mehr so, wie ich sie früher wahrgenommen hätte. Daraufhin wollte ich natürlich wissen, ob sie mir anfangs etwas vorgespielt hat«, sagt er. »Entweder habe ich am Ende der Beziehung etwas falsch gemacht, oder ich habe es nie richtig gemacht. So oder so – ich würde es gern wissen. Also, spielt uns bitte keinen Orgasmus vor. Wir können es nicht richtig machen, wenn ihr uns nicht ehrlich sagt, was wir falsch machen.«

**MYSTERIUM MANN**

**56 Prozent der befragten Männer sagen, sie würden alles tun, um ihre Frau oder Freundin zu befriedigen.**

Es stimmt, dass wir gut im Kartenlesen sind. Wir finden unser Ziel, indem wir Wegweisern folgen und uns auf unseren Orientierungssinn verlassen – und all das, ohne Sie um Hilfe zu bitten. Doch wie genau wir die Topographie Ihres Körpers auch studiert haben, wir wissen, dass es sich von einem Tag auf den anderen ändern kann, wo und wie Sie berührt werden möchten. Also gut, dann bitten wir Sie eben doch um ein bisschen Hilfe. Sie brauchen nicht zu schreien, aber es wäre verdammt nett, wenn Sie uns den Weg zu dem Ort zeigen, an den wir reisen sollen.

## Wie kann ich ihm beibringen, besser im Bett zu sein?

»Mein Freund bewegt sich im Bett wie ein Roboter; er verhält sich zu mechanisch. Ich möchte ihn nicht darauf ansprechen, weil ich weiß, dass er das als scharfe Kritik verstehen würde. Außerdem hält er mich sicher für eine erfahrene Frau, die schon mit x Männern geschlafen hat, wenn ich ihm sage, wie ich es genau haben möchte. Wie bringe ich ihn dazu, den richtigen Weg einzuschlagen, ohne ihn befangen zu machen, was seine Fähigkeiten betrifft – und meine Vergangenheit?«

Sie haben drei Möglichkeiten zur Auswahl: Erstens, Sie führen ein unangenehmes Gespräch. Zweitens, Sie führen weiterhin ein unbefriedigendes Sexualleben. Diese beiden Möglichkeiten sind ungefähr so verlockend, wie Ihren Nachbarn beim Altwerden zuzusehen. Sie möchten nicht darauf verzichten, den Sex voll auszukosten. Er dagegen möchte nicht hören, dass Sie genau wissen, was Ihnen dazu verhelfen würde und dass es sich dabei nicht um ihn handelt. Während sich jeder Mann bei einem Vortrag darüber, wie man Ihren Körper stimulieren kann, inkompetent vorkommen und schämen würde, haben wir nichts gegen praktischen Unterricht über Ihren Körper einzuwenden, bei dem Anfassen erlaubt ist.

Benjamin, 25, Geschäftsführer eines Plattenladens, hatte eine Freundin, mit der er zwei Jahre zusammen war. Nachdem die beiden sich getrennt hatten, lernte er eine andere Frau kennen und tat all das, womit er in der Vergangenheit gut gefahren war. »Nachdem wir ungefähr dreimal miteinander geschlafen hatten, nahm sie meine Hand, schob sie zwei oder drei Zentimeter tiefer und begann zu stöhnen«, sagt er. »Mehr habe ich nicht gebraucht – nur einen kleinen Hinweis in die richtige Richtung.« Es fällt uns viel leichter, Anweisungen umzusetzen, wenn Sie Ihre Finger sprechen lassen oder uns mit Ihrer Atmung den Weg weisen.

»Wenn sich etwas gut anfühlt, dann gebt uns einfach ein ›Oooh‹ oder ein ›Aaah‹. Solange wir nicht wissen, ob das, was wir tun, richtig oder falsch ist, werden wir auch nichts daran ändern.« – Louis, 28

## Was soll ich tun, wenn ich grundsätzlich keinen Orgasmus bekomme? Wie bringe ich ihn dazu, dass er sich deshalb keine Gedanken macht?

»Ich komme einfach nicht zum Orgasmus, und zwar nie. Mein Mann denkt, das liege an seinen Qualitäten als Liebhaber. Ich habe mehrfach versucht, ihm zu erklären, dass ich ihn liebe, dass ich gerne einen Orgasmus hätte und dass es nicht seine Schuld ist. Aber es kommt mir fast so vor, als würde er Sex als seine Mission betrachten. Es ist, als wäre er wild entschlossen, es so lange zu versuchen, bis ich schließlich komme, was alles vermutlich nur noch schlimmer macht. Wie bringe ich ihn dazu, dass er sich entspannt, Spaß hat, es genießt und aufhört, sich Gedanken darüber zu machen, ob ich einen Orgasmus habe oder nicht?«

Es ist schwierig, einen Mann dafür zu kritisieren, dass er Ihnen einen Gefallen tun möchte, aber Sie sollten ihm vermutlich Folgendes sagen: Je mehr er seine Aufmerksamkeit auf Ihren Orgasmus richtet, desto mehr setzt er Sie unter Druck – und je mehr Sie sich unter Druck gesetzt fühlen, desto weniger werden Sie sonst fühlen. Er sollte sich entspannen. Das mag jetzt wie ein raffinierter Trick klingen, um Ihrem Mann unter die Arme zu greifen, doch versuchen Sie es einmal so: Wenn Sie das nächste Mal miteinander ins Bett gehen, verbieten Sie ihm, in irgendeiner Weise aktiv zu werden. Nehmen Sie sich seinen Körper vor, als handelte es sich um Ihre Mission. Werden Sie aktiv. Spielen Sie verrückt. Es geht nicht darum, dass er mehr Aufmerksamkeit verdient als Sie oder irgendetwas in dieser Richtung. Sie sollen ihn nur dazu bringen, sich zu entspannen, damit er aufhört, sich Gedanken um Sie zu machen, und endlich wieder Spaß am Sex hat. Nur dann werden auch Sie Spaß daran haben können.

## Wie kann ich ihn bremsen – und mich in Fahrt bringen?

»Mein Freund hat es manchmal etwas eilig, wenn Sie verstehen, was ich meine. Nicht so extrem, sodass man von einem gesundheitlichen Problem sprechen könnte, aber immerhin so eilig, dass es mir lieber wäre, der Geschlechtsakt würde etwas länger dauern. Wenn ich zum Orgasmus kommen soll, muss er das auch. Ich fühle mich zwar geschmeichelt, dass er sich vor lauter Begeisterung nicht beherrschen kann, doch es wäre mir ganz recht, wenn er sich ein bisschen bemühen würde. Irgendwelche Tipps?«

Ja: Gehen Sie häufiger mit ihm ins Bett. Oder schlagen Sie ihm vor, die Sache ein paar Stunden, bevor Sie Sex miteinander haben, selbst in die Hand zu nehmen. »Den besten Sex überhaupt hatte ich«, berichtet Pedro, 34, »als wir zweimal innerhalb einer Stunde miteinander geschlafen haben und ich beim zweiten Mal Ewigkeiten durchgehalten habe.« Denken Sie bitte auch daran, dass Männer die Kontrolle verlieren, wenn sie angespannt sind. Unter Umständen kann sich Ihr Partner länger zurückhalten, wenn Sie beide es etwas langsamer angehen, mehr Zeit darauf verwenden, die passende Musik auszusuchen, Kerzen anzuzünden, und mit einem langsamen, ausgedehnten Vorspiel beginnen.

## Männlichkeit gemeistert:

### *Was Sie jetzt über Männer wissen*

- Im Bett steht Ihr Spaß am Sex bei uns an erster Stelle. Eine Nebenwirkung davon ist, dass wir ebenfalls mehr Spaß haben.
- Da unser Körper anders funktioniert als Ihrer, brauchen wir behutsame Instruktionen, wie wir Ihre Schalter betätigen sollen. Ganz wichtig dabei: Taten sagen mehr als Worte.
- Je entspannter ein Mann ist, desto besser stellt er sich im Bett an.

## Was Sie heute Abend sagen sollten!

Das Heißeste, was Barry, 38, jemals von einer Frau gesagt bekommen hat:

»Los, beeilen wir uns, damit du die zweite Halbzeit des Spiels nicht verpasst.«

Das Heißeste, was Eva, 31, jemals zu einem Mann gesagt hat:

»Wow, mach das noch mal.«

## 8. Was bedeutet sein Schweigen?

*Warum das Schweigen eines Mannes mehr sagt, als Sie ahnen, und wie Sie unabhängig von seiner Stimmung seine Gefühle lesen können*

**? Männer, wie oft wirft euch eure Frau oder Freundin vor, ihr würdet ihr nicht zuhören? (Mehr als eine Antwort möglich.)**

| | |
|---|---|
| *Jeden Tag:* | 8 Prozent |
| *Jedes Mal, wenn wir uns streiten:* | 21 Prozent |
| *Nur, wenn sie wegen etwas anderem wütend ist:* | 28 Prozent |
| *Wenn ich umschalte, während sie spricht:* | 23 Prozent |
| *Bei anderen Gelegenheiten:* | 19 Prozent |
| *Nie:* | 30 Prozent |

Fast ein Drittel aller Männer behaupten, ihre bessere Hälfte werfe ihnen nie vor, dass sie ihr nicht zuhören. Vielleicht haben sie ja einfach nicht richtig zugehört …

Möglicherweise kennen Sie eine Handvoll Männer, die gerne reden. Sie reden über irgendetwas, ohne dabei Luft zu holen, bevor sie zum nächsten Thema übergehen und weiterreden, wobei sie manchmal Bemerkungen zur letzten Folge von *Lost* einstreuen und warum in aller Welt dieser dämliche Typ bei *Superstar* nicht früher rausgeflogen ist, aber wenigstens spielt T. O. nicht mehr bei den Eagles und so weiter und so fort…

Doch die meisten von uns sind anders. Die meisten von uns halten die Lippen überwiegend geschlossen und fassen sich so kurz wie möglich. Das liegt nicht daran, dass wir nicht gehört haben, was Sie gesagt haben, auch nicht daran, dass wir müde sind, und schon gar nicht daran, dass wir zu sehr damit beschäftigt sind, unseren DVD-Rekorder auf das Fernsehprogramm vom Herbst 2009 zu programmieren.

Es liegt einzig und allein daran, dass wir *vorsichtig* sind.

Wir wissen, dass Frauen bessere und aufmerksamere Zuhörer sind als Männer. Deshalb ist uns bewusst, dass unsere Worte Sie verletzen, verwirren, verärgern oder frustrieren können. Wir möchten daher sichergehen, dass das, was wir sagen werden, auch genau dem entspricht, was wir sagen möchten – und genau dem, was wir meinen. Manchmal überlegen wir uns daher jedes Wort ganz genau, und manchmal dauert es eine ganze Spielfilmlänge, bis wir Ihnen die passende Antwort geben. Besser so als die Alternative.

»Meine Frau, die einen Halbtagsjob hat und sich in der übrigen Zeit um unsere Kinder kümmert, hat mich einmal gefragt, was ich davon hielte, wenn sie entweder Vollzeit arbeitete oder ihren Job kündigte und sich ganz der Erziehung unserer Kinder widmete«, erzählt der 43-jährige Verlagsleiter Todd. »Darüber musste ich erst mal nachdenken. Der finanzielle Aspekt war nicht das Problem, aber ich wollte zuerst herausfinden, was ihr lieber gewesen wäre. Wenn ich sie überredet hätte, ganz zu Hause zu bleiben, hätte sie bestimmt gedacht, dass ich ihre Karriere nicht ernst nehme. Also habe ich ihr schließlich gesagt, dass ich beides gut fände, was auch der Wahrheit entsprach, und dass sie selbst die Entscheidung treffen solle. Daraufhin hat sie mir dann vorgehalten, das sei keine Antwort.«

Tatsache ist, dass ein Mann sich weder politisch korrekt verhalten möchte noch gleichgültig ist, wenn er sich genau überlegt, was er sagt. Er weiß, dass er in der Vergangenheit ein paar dumme Sachen von sich gegeben hat, und möchte nicht noch einmal dieselben Fehler machen. Falls Ihr Mann oder Freund nachdenkt, bevor er den Mund aufmacht, liegt das also vermutlich nicht daran, dass er Ihnen nicht richtig zuhört. Vielmehr weiß er genau, dass Sie richtig zuhören.

### Sagen Sie dies, nicht das!

**Sagen Sie:** Lass uns kuscheln.
**Und nicht:** Lass uns reden.
**Denn:** Das funktioniert meistens besser.

**Sagen Sie:** Vielleicht sollten wir das jetzt lassen und später noch mal darüber reden.
**Und nicht:** Du hörst mir nicht zu!
**Denn:** Er kann Ihnen nicht zuhören, weil er nachdenken muss.

## Warum sagen Männer nicht ehrlich ihre Meinung?

»An einem Abend habe ich drei verschiedene Outfits anprobiert und meinen Freund gefragt, welches ihm am besten gefalle. Er hat gemeint, ihm gefielen alle und ich sähe in allen toll aus. Er war unglaublich nett, hat mir aber überhaupt nicht weitergeholfen. Da er mein Freund ist, erwarte ich, dass er auch der eigentlichen Bedeutung des Wortes gerecht wird. Ich möchte seine ehrliche Meinung hören. Warum hält er sich so sehr zurück?«

Sie wünschen sich also, dass er auch Ihr Freund im eigentlichen Sinn des Wortes sein soll. Bitte bedenken Sie, dass ein Mann nur eine bestimmte Anzahl von Rollen übernehmen kann, ohne Gefahr zu laufen, unter Beschuss aus den eigenen Reihen zu kommen. Es gibt einfach ein paar Situationen, in denen er nicht ehrlich sein kann – zu seiner eigenen Sicherheit. »Ich habe meiner Freundin irgendwann einmal gesagt, dass eine von ihren Hosen nicht besonders kleidsam ist. Eigentlich habe ich es sogar viel netter formuliert – ich habe nur angemerkt, dass eine andere Hose besser aussieht«, erzählt Devin, 26. »Aber sie ist völlig ausgerastet und hat gesagt, ich solle sie unabhängig davon lieben, wie sie aussieht oder sich kleidet. Ich habe versucht ihr zu erklären, dass es keine Rolle für mich spiele, sondern ich nur gedacht hätte, sie wolle meine ehrliche Meinung hören, bevor wir ausgehen. Vermutlich habe ich mich getäuscht.«

»Männer fühlen sich einfach wohler dabei, wenn sie kleinere Entscheidungen ihren Partnerinnen überlassen können. Falls er alle Entscheidungen Ihnen überlässt, hat er vermutlich entweder das Gefühl, er hätte kein Mitspracherecht, oder er hat

## Was es zu bedeuten hat, wenn ...

***... er beim Sex grunzt:***

Wenn Sie plötzlich Dschungeltierlaute hören, ist das ein Zeichen dafür, dass er emotional eine neue Stufe erreicht hat. Er vertraut Ihnen genug, um sich keine Gedanken mehr darum zu machen, welche Geräusche er beim Sex von sich gibt.

***... er während eines Fußballspiels im Fernsehen grunzt:***

Es steht unentschieden nach Verlängerung, und das Elfmeterschießen hat soeben begonnen. Bitte warten Sie damit, über Farben zu sprechen, bis die Entscheidung gefallen ist.

***... er sagt »Nichts«, wenn Sie ihn fragen, was mit ihm los ist:***

Er hat vier Termine, die er einhalten muss, sein Boss ist ein Mistkerl, er ist frustriert, dass er fünf Kilo zugenommen hat, und es macht ihn wahnsinnig, dass er nicht herausfindet, warum die drahtlose Netzwerkverbindung bei seinem Laptop nicht funktioniert. Aber er möchte nicht darüber sprechen (und auch über nichts anderes), bis er zwei Drittel seiner Probleme gelöst hat.

keine feste Meinung zu einer bestimmten Angelegenheit und zieht es deshalb vor, dass Sie entscheiden. »Ich mache mit meinen verheirateten Freunden ständig Witze darüber: Jedes Mal, wenn es eine verhältnismäßig unbedeutende Entschei-

**Frau fragt sich**

»Am Anfang unserer Beziehung war er unglaublich gesellig, inzwischen möchte er sich am liebsten jeden Abend auf die Couch setzen. Woher kommt das?«

Wenn ein Auto 150 000 Kilometer auf dem Tacho hat, ist es vermutlich bereits über einige holprige Straßen gefahren und muss für einige Zeit in die Werkstatt.

dung zu treffen gilt, zählt unsere Meinung so gut wie gar nichts«, sagt Ray, 35. Wenn Sie also möchten, dass er sich öffnet, dann müssen Sie ihm den Schlüssel geben, der ihm das Gefühl vermittelt, dass er sich seiner Handschellen entledigen kann.

## Warum verhalten Männer sich wie Angsthasen, wenn sie wissen, dass sie im Unrecht sind?

»Vor einiger Zeit hatten mein Mann und ich einen heftigen Streit darüber, ob wir mit seinen oder mit meinen Eltern Urlaub machen sollen. Schließlich hat er meine Mutter als herrschsüchtige Hexe bezeichnet, und wir haben nicht mehr miteinander gesprochen. Anstatt sich am nächsten Tag bei mir persönlich zu entschuldigen, hat er mir in einer E-Mail geschrieben, dass es ihm leidtue, und mir erklärt, was er wirklich gemeint habe. Es war nett von ihm, dass er sich entschuldigt hat, aber ziemlich feige, dass er es per E-Mail getan hat, oder etwa nicht? Ich finde, er hätte den Mumm haben sollen, sich persönlich bei mir zu entschuldigen.«

Bevor wir uns damit beschäftigen, was er Ihrer Ansicht nach falsch gemacht hat, sollten wir zuerst über das Positive an der ganzen Sache sprechen. Zum einen hat Ihr Mann sich bei Ihnen entschuldigt und zugegeben, dass er sich falsch verhalten hat. Noch wichtiger ist, dass er sich die Zeit genommen hat, genau niederzuschreiben, was in ihm vorgegangen ist. Ja, er hätte sich überwinden sollen, mit Ihnen darüber zu sprechen, aber da Sie wütend waren, befürchtete er vielleicht, dass Sie ihn nicht ausreden lassen würden. Wir sollten also nicht davon ausgehen, dass seine E-Mail nur eine Methode war, um den Konflikt abzutun und die Diskussion zu beenden. Vielleicht wollte er damit bei Ihnen beiden vorab die Wogen glätten, damit Sie in Ruhe miteinander reden können.

## Was hat es zu bedeuten, wenn er mir keine Antwort gibt?

»Als ich eines Abends von der Arbeit nach Hause kam, erzählte ich meinem Freund von dem Gerücht, dass in meiner Firma ein Dutzend Entlassungen bevorstünden. Anschließend habe ich ihn gefragt: ›Meinst du, ich muss mir Sorgen machen?‹ Darauf folgte eine lange Pause. Daher habe ich gesagt: ›Hast du überhaupt gehört, was ich dich gefragt habe?‹ Ich habe oft das Gefühl, dass er mir nicht richtig zuhört.
Manchmal kommt überhaupt kein Gespräch zustande. Ich sage etwas, dann warte ich, danach sage ich noch etwas und warte wieder. Bitte versichern Sie mir, dass er nicht so desinteressiert ist, wie es scheint.«

**MYSTERIUM MANN**

**88 Prozent der befragten Männer sagen, sie verstünden überhaupt nicht, wie Frauen denken und handeln.**

In einer problematischen Situation wie dieser geht in seinem Kopf Folgendes vor sich: Er balanciert mit drei konkurrierenden Gedanken – was er sagen möchte, was Sie hören möchten und was Sie seiner Ansicht nach zu hören bekommen sollten. Manchmal stimmen diese drei überein, manchmal jedoch auch nicht. Deshalb lässt er sich ein paar Sekunden Zeit, und zwar nicht unbedingt deshalb, weil er mit einem Auge auf die Sportübertragung im Fernsehen schielt und mit dem anderen auf die Uhr an der Mikrowelle. »Manchmal bin ich mir nicht sicher, ob ich meiner Freundin sagen soll, dass sie sich keine Sorgen zu machen braucht, oder ob ich ihr sagen soll, wie ich an ihrer Stelle mit dem Problem umgehen würde«, verrät uns Zachary, 36. »Ich versuche, sie zu unterstützen und ihr zu helfen, aber das ist nicht immer dasselbe.« Unser männlicher Instinkt drängt uns, jedes Problem zu lösen, doch wir wissen aus Erfahrung, dass Sie die Angelegenheit lieber mit uns ausdiskutieren möchten, als sich von uns einen Schlachtplan diktieren zu lassen. Deshalb versuchen wir, irgendwie die richtige Mischung aus beidem zu finden.

## Männlichkeit gemeistert:

### *Was Sie jetzt über Männer wissen*

- Schweigen ist nicht gleichbedeutend mit Unaufrichtigkeit.
- Wenn wir zu einem Thema, zu einer Frage oder zu einer Kritik Stellung nehmen, zimmern wir uns eine Antwort zurecht, mit der wir Sie nicht verletzen. Und uns auch nicht.
- Machen Sie einen Bogen um Männer, die reden wie ein Wasserfall. Ein Mann sollte seine Zuneigung durch Taten zeigen, nicht durch Worte.

## Was Sie heute Abend sagen sollten!

Das Heißeste, was Harris, 40, jemals von einer Frau gesagt bekommen hat:

»Miau.«

Das Heißeste, was Cindy, 31, jemals zu einem Mann gesagt hat:

»Gleich um die Ecke gibt es einen Darkroom.«

## 9. Worin besteht der Unterschied zwischen Flirten und Fremdgehen?

*Sie sind zwar vermutlich die wichtigste Frau in seinem Leben, aber nicht unbedingt die einzige. Hier beichten Männer ihre Gefühle für andere Frauen – und erzählen, was passiert, wenn diese Gefühle außer Kontrolle geraten.*

? **Männer, welche der folgenden Tatbestände würdet ihr als Untreue gegenüber eurer Freundin oder Ehefrau werten? (Mehr als eine Antwort möglich.)**

| | |
|---|---|
| *Rummachen und Oralverkehr unter Alkoholeinfluss:* | 92 Prozent |
| *Ein anonymer Quickie:* | 89 Prozent |
| *Ein Date mit einer Internet-Bekanntschaft:* | 82 Prozent |
| *Ein Abendessen mit einer alten Flamme:* | 59 Prozent |
| *Ein Handy-Flirt:* | 56 Prozent |
| *Ein Barbesuch nach Feierabend mit einer attraktiven Arbeitskollegin:* | 46 Prozent |
| *Nach der Ex googlen:* | 20 Prozent |

Nein, sie ist uns nicht aufgefallen. Sie meinen die mit dem engen grünen T-Shirt, den perfekten C-Körbchen-Brüsten, den tief geschnittenen Jeans, aus denen hinten Spitzenunterwäsche hervorlugt, deren Haar leicht die Schulterblätter streift und die einen so flachen Bauch hat, dass Jessica Simpson neben ihr aussehen würde wie Homer Simpson? Komplette Fehlanzeige, sie ist uns wirklich nicht aufgefallen.

Wir geben es nur ungern zu, auch wenn Sie es ohnehin schon wissen: Ja, wir sehen uns andere Frauen an. Ja, wir sehen uns gerne andere Frauen an. Ja, manche Frauen speichern wir automatisch und dauerhaft in unserer »Augen schließen und träumen«-Datei ab. Fast jeder fünfte Mann gibt zu, von anderen Frauen zu träumen, während er in einer festen Beziehung ist. Sie wünschen mehr Details? Also gut, 18 Prozent von uns träumen von irgendeiner Prominenten, 30 Prozent von einer Frau, die wir häufiger sehen, aber nicht persönlich kennen, 28 Prozent von einer Freundin oder Bekannten und 14 Prozent von ihrer Exfreundin.

Tatsache ist jedoch: Wir lieben *Sie.*

Vermutlich verstehen Sie nicht, wie wir das, was wir sehen, von dem, was wir tun oder was wir fühlen, trennen können. Vermutlich sind Sie der Meinung, es sage irgendetwas über unsere Beziehung mit Ihnen aus, wenn wir andere Frauen betrachten, an andere Frauen denken oder uns mit anderen Frauen unterhalten. Wenn wir uns eine andere Frau ansehen, muss das ein Zeichen dafür sein, dass wir nicht glücklich sind. Wenn wir uns kurz fragen, wie eine andere Frau wohl nackt aussieht, ist das automatisch ein Zeichen dafür, dass wir nicht mit Ihnen zufrieden sind. Wenn wir uns blendend mit der Bardame verstehen, ist das automatisch ein Zeichen dafür, dass wir auf dem besten Weg sind fremdzugehen. Wir haben allerdings kein Problem zu unterscheiden. Meistens hat das eine nur wenig mit dem anderen zu tun. Wir unterschei-

## Sagen Sie dies, nicht das!

**Sagen Sie:** Hier sind einige sehr gut aussehende Leute, nicht wahr?
**Und nicht:** Hast du etwa gerade diese Frau angestarrt?
**Denn:** Jeder betrachtet gerne attraktive Menschen, auch Sie.

**Sagen Sie:** Sieht so aus, als hätte Miss Soundso es auf dich abgesehen. Tja, das kann ich ihr nicht verübeln. Aber du gehörst mir, nur mir!
**Und nicht:** Ich habe gesehen, wie sie dich angelächelt hat. Was soll das?
**Denn:** Im Zweifel für den Angeklagten – das hat er verdient. Außerdem ist es sexy, wenn Sie so tun, als würden Sie sich auf einen Konkurrenzkampf einlassen. Übertriebene Eifersucht dagegen ist abstoßend.

**Sagen Sie:** Deine Beziehung zu ihr beunruhigt mich.
**Und nicht:** Kommt diese Schnepfe etwa auch?
**Denn:** Wenn Sie ihm genau sagen, was Ihnen an seinem Verhalten missfällt, kann er es ändern.

den sehr wohl zwischen Ihnen und den anderen Frauen in unserem Leben, genauso wie wir zwischen dem Journalisten Anderson Cooper und dem Comedian Jon Stewart unterscheiden. Wir nehmen nur einen wirklich ernst. Der andere ist bei CNN. Lesen Sie, was die von uns befragten Männer zu diesem Thema zu sagen haben:

»Wir stellen uns zwar vor, mit eurer Schwester, Cousine, Tante, der Bedienung im Café und der gut gebauten Blondine auf dem Laufband neben euch Sex zu haben, setzen es aber nicht in die Tat um. Trotzdem stellen wir es uns vor.« – Rodger, 39

»Wir Männer haben zwei Seiten: die des hingebungsvollen Ehemanns/Freundes und die des abenteuerlustigen Schwerenöters. Der treue Partner behält die Oberhand, aber der Abenteurer ist immer da.« – Richard, 28

»Wir können nichts dagegen tun, dass wir an Sex denken und Frauen hinterherschauen. Für diesen elementaren, kraftvollen Trieb ist ein primitiver Teil unseres Gehirns verantwortlich. Manchmal wünschen wir uns, wir könnten ihn unterdrücken; das würde uns das Leben viel leichter machen.« – Darin, 30

»Männer sind genetisch darauf programmiert, andere Frauen anzuschauen, obwohl wir treu sind wie ein Golden Retriever.« – Mike, 33

Manchmal kommt es vor, dass wir im Lauf eines Tages mit einem Dutzend Frauen zusammentreffen, von denen uns jede etwas anderes gibt. Eine Kollegin erfüllt womöglich unser Bedürfnis nach jemandem, der wirklich versteht, was uns bei der Arbeit zu schaffen macht. Eine Praktikantin vermittelt uns vielleicht das Gefühl, gebraucht zu werden (indem sie uns die Gelegenheit gibt, unser Wissen weiterzugeben, mehr nicht). Eine kokette Kellnerin schenkt uns unter Umständen unaufgefordert die Aufmerksamkeit, die uns schon seit einer Weile nicht mehr zuteilwurde. Unsere Friseurin schenkt uns eventuell einen Moment (wenn auch einen bezahlten), in dem wir uns verhätschelt fühlen. Bedeutet das alles, dass wir kurz davor sind, diese Frauen alle in ein Stundenhotel zu entführen? Wohl kaum.

Keith, 39, Unternehmensberater aus Oregon, ist seit sieben Jahren verheiratet und gibt zu, dass er gern andere Frauen be-

## Was es zu bedeuten hat, wenn …

***… er in Ihrer Gegenwart mit einer anderen Frau flirtet:***

Da er glaubt, Sie würden ihn als Selbstverständlichkeit betrachten, versucht er Ihnen zu zeigen, dass er auch andere Möglichkeiten hätte. Er möchte diese Möglichkeiten nicht ausnutzen, Sie sollen nur wissen, dass er sie hat.

***… er andere Frauen anschaut:***

Er hat einen guten, kräftigen Puls.

***… er einer hübschen Bedienung 25 Prozent Trinkgeld gibt:***

Guter Service ist 20 Prozent wert. Ästhetik ist ein kleines Extra wert.

trachtet und sogar mit ihnen flirtet, wenn sich die Gelegenheit ergibt. Doch er hat seine Frau noch nie betrogen – er behauptet sogar, dass er es niemals auch nur in Erwägung ziehen würde. »Meine Freunde wundern sich immer, wie oft ich mit anderen Frauen flirte, aber meine Frau zu betrügen, kommt für mich überhaupt nicht in Frage«, sagt er. »Ich stelle mir vielleicht vor, wie es mit einer anderen Frau wäre, doch ich verwende nicht viele Gedanken darauf. Letzten Endes habe ich nicht das Bedürfnis, damit meine Ehe und meine Familie zu ruinieren.«

Selbstverständlich gehen manche Männer fremd, wie auch manche Frauen fremdgehen. Die Gefahr lauert immer dort, wo aus harmloser Interaktion unerlaubte Aktion wird. Ich möchte nicht die These vertreten, dass Männer nie untreu sind; sondern vielmehr die These, dass Männern der Kontakt zu anderen Frauen in ihrem Leben verwehrt wird, weil diese als potenzielle Bedrohung, potenzielle Geliebte und potenzielle Familien-Zerrütterinnen betrachtet werden. Was sie uns geben – ob es sich um ein paar Minuten bei der Arbeit handelt oder um ein paar Sekunden, wenn sie vor unserem Auto die Straße überqueren –, ist in Wirklichkeit nichts, verglichen mit dem, was uns unsere Beziehung mit Ihnen gibt.

**MYSTERIUM MANN**

**47 Prozent der befragten Männer halten One-Night-Stands für entwürdigend (*MH*).**

## Wann sollte ich eifersüchtig auf seine Arbeitskolleginnen sein?

»Mein Freund arbeitet in einem Büro, in dem die Belegschaft zu 75 Prozent aus Frauen besteht. Ich weiß, dass er auch mit einigen Kollegen befreundet ist, aber jedes Mal, wenn ich ihn frage, mit wem er beim Mittagessen war, nennt er immer dieselben drei oder vier Frauen. Ich bemühe mich, nicht eifersüchtig zu sein, doch ich bin zugegebenermaßen nicht gerade begeistert, dass er seine Arbeitszeit – und dazu seine Mittagspausen, Barbesuche nach Feierabend und Büropartys – mit so vielen Frauen verbringt. Er behauptet, sie seien nur gute Freundinnen und er sei an keiner anderen außer mir interessiert. Woher soll ich wissen, ob das stimmt?«

**MYSTERIUM MANN**

**21 Prozent der befragten Männer geben zu, dass sie insgeheim in ihre platonische Freundin verliebt sind.**

Da Ihre Eifersucht unter Umständen begründet ist, werde ich Ihnen jetzt nicht sagen, dass Sie keinen Grund zur Sorge haben. Ich wäre auch verdammt eifersüchtig, wenn meine Freundin in einem Büro voller gieriger Haie arbeiten würde. Machen wir uns nichts vor. Der Arbeitsplatz ist der Ort, an dem sich viele Männer und Frauen wegen mieser Chefs, miesen Kaffees und gutem Klatsch verbünden. Das heißt natürlich noch lange nicht, dass ein Mann mit jeder Frau, mit der er zusammenarbeitet, in der Besenkammer verschwinden möchte. Trent, 31, Projektleiter in einer Werbeagentur, arbeitet in einem Büro voller attraktiver Frauen, mit einer von ihnen arbeitet er sogar sehr eng zusammen. »Nachdem meine Frau meine Kolleginnen bei einer geschäftlichen Veranstaltung kennengelernt hatte, wurde sie richtig eifersüchtig«, erzählt er. »Sie hat mich gefragt, warum ich ihr nie etwas von ihnen erzählt hätte, vor allem von meiner Projektpartnerin. Ich hatte nie von ihnen gesprochen, weil ich mir dachte, dass sie das eifersüchtig machen würde – und genau das hat sie argwöhnisch werden lassen. Jetzt erzähle ich von den Frauen genauso, wie ich von meinen männlichen Kollegen erzähle.«

Das ist tatsächlich eine Möglichkeit, um herauszufinden, ob er seinen Brieföffner in der Schublade lässt. Er erzählt vielleicht nur widerwillig von anderen Frauen, doch die Erleuchtung bekommen Sie, sobald Sie beobachten, wie er reagiert, wenn Sie seine Kolleginnen treffen. Stellt er sie Ihnen vor? Unterhalten sie sich alle miteinander, oder scheint eine dieser Frauen auf Distanz zu gehen, sobald Sie in der Nähe sind? Falls er kein Problem damit hat, dass Sie seine Kolleginnen näher kennenlernen, versucht *er* aller Wahrscheinlichkeit nach auch nicht, eine davon näher kennenzulernen.

## Wann sollte ich auf seine Ex eifersüchtig sein?

»Da ich mit meinem Freund zusammenwohne, benutzen wir beide denselben Computer. Als ich mich einmal nach ihm eingeloggt habe, war seine Mailbox noch offen. Ich habe seine Mails zwar nicht gelesen, aber die Namen von ein oder zwei Frauen gesehen, mit denen er studiert hat. Ich will seine Privatsphäre wirklich respektieren, doch er hat mir gegenüber nie erwähnt, dass er mit diesen Frauen Kontakt hat. Ich möchte nicht paranoid sein, mich allerdings auch nicht zum Narren halten lassen. Wenn ich ihn damit konfrontieren würde, würde er mir sicher die typischen Antworten geben: dass es keine große Sache sei, dass sie ihn kontaktiert hätten, dass er mich liebe, blablabla. Was steckt wirklich dahinter?«

Haben Sie jemals einen Mann am Meer beobachtet? Manche laufen schnurstracks hinein – sie machen einen Kopfsprung über die Wellen ins Wasser. Andere gehen langsam hinein, prüfen die Wassertemperatur und treten im Einzelfall sogar wieder den Rückzug an. Wenn es um andere Frauen geht, tauchen einige Männer ebenfalls nur mit den Zehen ein – mehr

**Er hat gesagt …**

Wie oft schauen Männer andere Frauen an, wenn sie mit ihrer Ehefrau oder Freundin unterwegs sind?

Wenn Sich die Gelegenheit ergibt, nehme ich sie wahr: 53 Prozent
Nur im Extremfall oder wenn ich eine Sonnenbrille trage: 28 Prozent
Nie, weil ich keinen Tritt in die Weichteile riskieren möchte: 19 Prozent

nicht –, ohne die Absicht, aufs Ganze zu gehen. »Einmal habe ich versucht, die E-Mail-Adresse einer Frau ausfindig zu machen, in die ich auf der Highschool verliebt war. Ich habe sie gefunden und ihr eine ›Hallo, wie geht's?‹-Nachricht geschickt«, erzählt Christopher, 34, ein verheirateter Hotelmanager aus Arizona. »Sie hat geantwortet, und wir haben uns ein paar E-Mails geschrieben, aber das war auch schon alles. Ich hatte dabei keine bestimmte Absicht, sondern einfach das Bedürfnis, sie ausfindig zu machen und Kontakt mit ihr aufzunehmen.« Christopher hat seiner Frau allerdings nie davon erzählt, weil er nicht das Gefühl hatte, sie zu betrügen, und weil er vermutete, dass sie ihn nicht verstanden hätte – und gekränkt gewesen wäre.

Natürlich kann ich Ihnen in diesem Buch nicht sagen, ob Ihr Freund nur die Zehen eintaucht oder ob er einen Kopfsprung in eine Welle der Untreue macht, aber Sie haben sich richtig verhalten, indem Sie seine Privatsphäre respektiert haben. Da Sie keine seiner E-Mails geöffnet haben, ist es meiner Ansicht nach Ihr gutes Recht, ihm zu sagen, was Sie gesehen haben. Wenn er Sie nicht hintergeht, werden Sie damit keinen Schaden anrichten. Falls er Sie doch hintergeht, weiß er zumindest, dass Sie ihm auf die Schliche gekommen sind – und dann kann ihm nicht einmal mehr David Hasselhoff das Fell retten.

## Sollte ich eifersüchtig wegen seiner Porno-Sammlung sein?

»Ich habe die Porno-Sammlung meines Freundes entdeckt. Nichts wirklich Hartes, trotzdem hat es mich beunruhigt. Wir haben ein gutes Sexleben, und ich bin nicht so naiv zu glauben, dass er nicht hin und wieder selbst Hand anlegt. Was sagt die Porno-Sammlung eines Mannes über ihn aus – und noch wichtiger, was sagt sie über mich aus?«

Über ihn sagt sie nichts weiter aus, als dass er ein ganz normaler Mann ist. Er mag – und jetzt halten Sie sich gut fest – nun

### Frau fragt sich

»Mir ist klar, dass Charlize Theron attraktiv ist. Mein Freund weiß auch, dass sie attraktiv ist. Also warum muss er Grunzlaute von sich geben, sobald sie im Fernsehen auftaucht?«

Er versteht nicht ganz, inwiefern sich das davon unterscheidet, dass Sie jedes Mal »Mmm« sagen, wenn George Clooney auf dem Bildschirm zu sehen ist. Nichtsdestotrotz sind seine harmlosen Grunzlaute beim Anblick von Charlize (und Scarlett, Heidi, Halle, Angelina und Eva) wie Rülpser nach dem Genuss von zu viel Kohlensäure. Wenn es unbedingt sein muss, kann er sie sich verkneifen, allerdings handelt es sich dabei um eine spontane Reaktion, die nur schwer zu unterdrücken ist.

mal Brüste. »Ich habe eine kleine Porno-Sammlung – ein paar Zeitschriften und DVDs«, gibt Dean, 37, zu. »Meine Frau ist oft geschäftlich unterwegs, und dann sehe ich sie mir an. Natürlich weiß meine Frau nichts davon, weil sie bestimmt annehmen würde, dass ich mich nicht mehr von ihr angezogen fühle, was jedoch nicht stimmt. Manchmal muss ein Mann einfach auch mal eine andere Frau nackt sehen, um es ganz unverblümt zu sagen.«

Seine Porno-Sammlung sagt nichts über Sie aus. Sie ist auch keine Ohrfeige für Sie. Oder keine »Ich wünschte, du würdest das auch tun«-Botschaft. Sie ist schon gar keine Aufforderung, dass Sie sich Ihre Brüste auf Basketballgröße aufpumpen lassen sollen. Wenn Sie beim Einkaufen, auf Reisen oder mal nicht in der Stimmung sind, ist Pornografie einfach eine Art sexuelles Koffein – ein Kick, der ihn wieder wachrüttelt.

## Männlichkeit gemeistert:

### *Was Sie jetzt über Männer wissen*

- Nicht alle »anderen« Frauen stellen eine Bedrohung für Ihre Beziehung dar. Wir können durchaus mit Frauen befreundet sein, auch wenn wir sie uns schon einmal nackt vorgestellt haben. Wir können uns mit ihnen unterhalten, ohne uns zu wünschen, ihre Lippen würden etwas anderes tun.
- Wenn wir eine attraktive Frau sehen, wollen/können/werden (suchen Sie sich eine Variante aus) wir den Blick nicht abwenden.

- Dass wir die Schönheit anderer Frauen zur Kenntnis nehmen, spiegelt nicht wider – und mindert auch nicht –, wie wir Ihnen gegenüber empfinden. Andere Mütter haben eben auch schöne Töchter.

## Was Sie heute Abend sagen sollten!

Das Heißeste, was Jorge, 26, jemals von einer Frau gesagt bekommen hat:

»Lass mich nicht warten.«

Das Heißeste, was Sarah, 36, jemals zu einem Mann gesagt hat:

»Triff mich in zwei Minuten auf der Flugzeugtoilette.«

# 10. Warum gehen Männer fremd?

*Wie Sie ihn am Seitensprung hindern können*

**Männer, würdet ihr mit einer anderen Frau ins Bett gehen, wenn euch eure Partnerin dazu die Erlaubnis gäbe?**

| | |
|---|---|
| *Ganz sicher:* | 20 Prozent |
| *Wahrscheinlich:* | 10 Prozent |
| *Wahrscheinlich nicht:* | 33 Prozent |
| *Ganz sicher nicht:* | 37 Prozent |

Ganz egal, an welcher Kasse Sie im Supermarkt anstehen, Sie können den skandalösen Berichten über verheiratete Männer, die sich mit einer anderen Frau eingelassen haben, nicht entgehen. Da ist zum Beispiel Jude Law, der sein Kindermädchen für England beansprucht hat. Da ist Brad Pitt, der das »nette Mädchen von nebenan« über Bord geworfen und gegen eine schmollmundige Action-Heldin eingetauscht hat. Wohin man auch blickt, wird irgendein Mann bei einem zwielichtigen Stelldichein mit einer zwielichtigen Schnecke erwischt.

Solche außerplanmäßigen Aktivitäten ergeben keinen Sinn, wenn man liest, was uns die von uns befragten Männer geantwortet haben. Falls Männer tatsächlich allzeit scharf auf die nächstbeste Blondine sind, warum behaupten dann sieben von zehn, dass sie die Gelegenheit, mit einer anderen in die Kiste zu steigen, wahrscheinlich oder sogar ganz sicher nicht wahrnehmen würden? Selbst dann nicht, wenn ihre Frau oder Freundin ihren Segen dazu geben würde. Wie passt das zu der allgemein akzeptierten Theorie, dass heutzutage angeblich jeder sechste Mann seine Freundin betrügt, jeder zweite verheiratete Mann fremdgeht und 13 Prozent aller Männer schon einmal mit der Partnerin eines Freundes Sex hatten?

Gute Frage.

Manche Männer erklären es damit, dass sie eigentlich nicht fremdgehen wollen, aber leider nun mal Sklaven ihrer biologischen Veranlagung sind. »Das liegt an unseren Genen. Männer sind darauf programmiert, ihre Samen auf möglichst viele Frauen zu verteilen, um das Überleben der Spezies zu sichern«, behauptet Richard, 42. »Das soll nicht heißen, wir haben unser Handeln nicht unter Kontrolle, aber ich denke, es existiert eine ziemlich tiefe Kluft zwischen unserer Moral und unserer biologischen Veranlagung.«

Wenn man jedoch dieses anthropologische Argument streicht (was Sie sicher schon getan haben), stellt man fest, dass Männer aus genau demselben Grund fremdgehen wie Frauen: Sie suchen nach etwas, das sie zu Hause nicht bekommen – oder nicht mehr bekommen.

Vergessen Sie nicht, dass es statistisch betrachtet mehr fremdgehende Männer gibt, als solche, die sich Sex mit einer anderen Partnerin wünschen. Die logische Schlussfolgerung lautet demnach, dass es Männern beim Fremdgehen weniger um Sex als vielmehr um das ganze Drumherum geht.

»Nachdem ich vier Jahre verheiratet war, habe ich meine Frau betrogen, und zwar mit einer Arbeitskollegin«, sagt Douglas, 37, der inzwischen geschieden ist. »Ich hatte nicht vor fremdzugehen, und sie hatte auch nicht die Figur eines Models oder so. Sie hat einfach nur ziemlich heftig mit mir geflirtet. Sie hat mir viel Aufmerksamkeit gewidmet, mir ge-

## Sagen Sie dies, nicht das!

**Sagen Sie:** Ich habe dir gerade eine unanständige E-Mail geschickt.
**Und nicht:** Wem schickst du um elf Uhr abends eine E-Mail?
**Denn:** Männer verschicken E-Mails, weil es ihnen Spaß macht. Also haben Sie an seinem Spaß teil.

**Sagen Sie:** Ich weiß, dass du mich niemals betrügen würdest.
**Und nicht:** Versprichst du mir, dass du mich niemals betrügen wirst?
**Denn:** Ihr Selbstbewusstsein schürt seine Treue.

**Sagen Sie:** Lass uns über die soziologischen Aspekte von Strip-Clubs reden.
**Und nicht:** Ich finde es unmöglich, dass du in Strip-Clubs gehst.
**Denn:** Jeder verteidigt sich, wenn er angegriffen wird.

sagt, wie sehr sie mich begehrt, und so dafür gesorgt, dass ich mich wie ein Gott gefühlt habe. Es ist schwer, dem zu widerstehen, wenn man zu Hause nur noch über Rechnungen spricht oder gefragt wird, wann man den Rasen mäht.«

Wie Sie an den obigen Antworten auf die von uns gestellte Frage erkennen können, haben Männer tatsächlich nicht die Absicht, regelmäßig fremdzugehen. Wir haben nicht vor, den Frauen wehzutun, mit denen wir zusammen sind, und wissen natürlich, dass die Handlung die Konsequenzen nicht wert ist. Außerdem halten wir es nicht für akzeptabel. (Zumindest die meisten von uns: Nur 14 Prozent der befragten Männer – die offenbar noch immer in der längst vergangenen Epoche des Samenverteilens leben – sind der Meinung, es sei in Ordnung, wenn ein verheirateter Mann seine Frau betrügt.) Aufgrund meiner Erfahrungen bin ich der Ansicht, dass immer mehr Männer in die folgende Kategorie fallen:

»Natürlich stelle ich mir andere Frauen nackt vor, und ich überlege mir oft, wie es wohl wäre, mit einer anderen ins Bett zu gehen – sowohl mit Frauen, die ich kenne, als auch mit Frauen, die ich auf der Straße sehe. Aber ich tue es nicht und habe es auch nie getan«, sagt Brandon, 39, der seit acht Jahren verheiratet ist. »Ich kenne zu viele Männer, deren Ehe wegen eines dummen Ausrutschers in die Brüche gegangen ist. Deshalb frage ich mich: Warum soll ich das riskieren?«

Trotzdem riskieren wir es immer wieder. Die Frage sollte meiner Ansicht nach eigentlich lauten, was einen Mann – abgesehen von seinem Gewissen, seiner Selbstbeherrschung und seiner Loyalität – davon abhalten kann, untreu zu sein.

Lassen Sie mich Ihnen deshalb eine Gegenfrage stellen: Was verleitet eine Frau dazu, untreu zu sein? Dass ihr zu Hause nicht genug Wertschätzung zuteilwird? Dass ihr Leben – in sexueller und jeder anderen Hinsicht – zur Routine geworden ist? Dass sie sich Spannung, Abenteuer und vielleicht sogar ein bisschen Gefahr wünscht? Oder dass sie Bestätigung

**Was es zu bedeuten hat, wenn …**

***… er einen Strip-Club besucht:***

Nackte Frauen live sind nackte Frauen live. Er mag nackte Frauen live. Es gefällt ihm, viele nackte Frauen live zu sehen – wie künstlich, flüchtig und letztendlich bedeutungslos es auch sein mag.

***… er »Nichts« sagt, nachdem Sie ihn gefragt haben, was beim Junggesellenabschied passiert ist:***

Er hat vier Runden Lapdance für den Bräutigam und ein oder zwei für sich selbst spendiert, und zwar höchstwahrscheinlich bei Frauen, die eine völlig andere Figur, ethnische Abstammung und Haarfarbe als Sie haben – nur aufgrund einer harmlosen Fantasie und nicht aus Protest oder als Ausdruck dessen, was er von Ihnen hält.

***… er sich neue Unterwäsche kauft:***

Das ist kein generelles Anzeichen für Untreue. Jeder Mann braucht hin und wieder neue Unterwäsche.

für ihr Ego braucht, sozusagen etwas, das ihr das Gefühl vermittelt, dass sie nicht älter, weniger attraktiv und weniger dynamisch ist als am Tag ihrer Hochzeit?

Genau. Was Untreue betrifft, gibt es zwischen Männern und Frauen mehr Gemeinsamkeiten als Unterschiede.

Die beste Methode, dafür zu sorgen, dass ein Mann nicht fremdgeht, ist also nicht, heimlich seine E-Mails zu lesen, ihm Hausverbot zu erteilen, oder sein U-Boot mit Sekundenkleber an seinem Heimathafen festzumachen. Die beste Methode ist, ihn so zu behandeln, wie auch Sie gerne behandelt werden möchten – nein, behandelt werden müssten –, wenn Sie versucht wären fremdzugehen. Der Trick, den Bug des Partners vom Eisberg abzuwenden, ehe es zu spät ist, besteht darin, rechtzeitig nach Anzeichen dafür Ausschau zu halten, dass er mehr Aufmerksamkeit braucht: mehr Umarmungen, mehr Küsse, mehr Schmeicheleien, mehr Romantik. Männer lieben die Jagd, sehnen sich nach Unvorhersehbarkeit, Nervenkitzel und Aufmerksamkeit, und wir lassen uns unser Ego genauso gerne streicheln wie jedes andere Körperteil. All die Dinge, die wir am Anfang der Beziehung hatten. Wie Mike, 43, bestätigt, ist das ebenso unsere Aufgabe wie Ihre. »Ich habe schon immer geglaubt, dass sexuelle Intimität das Band ist, das zwei voll zueinanderstehende Menschen daran hindert, fremdzugehen oder ihre Liebe füreinander zu verlieren.«

Das Fazit aus all dem: Wir wissen, warum Amazon, eBay und Pizzaservices so gut funktionieren. An sich ist es viel besser, wenn man nicht aus dem Haus gehen muss, um etwas Tolles zu bekommen.

## War der Sex es für ihn wirklich wert, alles zu ruinieren, was wir hatten?

»Mein Mann, mit dem ich seit fünf Jahren verheiratet bin, hat mir soeben gebeichtet, dass er eine Affäre hatte. Er hat gesagt, er habe mit einer Frau geschlafen, die er über einen gemeinsamen Bekannten bei der Arbeit kennengelernt hat. Angeblich waren die beiden nur drei Mal miteinander im Bett und haben die Sache dann beendet. Ja, »nur« drei Mal, als sollte ich dafür dankbar sein. Um ehrlich zu sein, weiß ich überhaupt nicht, was ich tun soll – ob ich bei ihm bleiben soll oder nicht. Allerdings frage ich mich seitdem ständig: Ist der Sex beim Fremdgehen wirklich so viel besser, dass es sich lohnt, sich dafür scheiden zu lassen, sein Hab und Gut aufzuteilen, Anwälte zu engagieren, das Leben der Kinder durcheinanderzubringen und all das?«

Sex ist zwar nicht unbedingt der Auslöser für Untreue, kann aber durchaus ein kräftiger Beschleuniger sein. »Frauen unterschätzen die Macht, die ein Orgasmus auf Männer ausübt. Wir denken nie an unseren letzten Orgasmus, sondern immer an den nächsten«, sagt Ed, 30. Wenn ein Mann weniger Sex bekommt, als er braucht, dann versucht er als natürliche Reaktion darauf, Möglichkeiten zu finden, um den Tank zu füllen.

Als Erstes wird er ihn bei der Frau, mit der er zusammen ist, füllen wollen, und dann wird er ihn vermutlich häufiger selbst unter der Dusche füllen. Falls ihn jedoch keine der beiden Methoden befriedigt (physisch im ersten Fall, emotional im zweiten), wird er womöglich seine Fühler ausstrecken und nach anderen Lösungen suchen. »Wenn ich fremdgegangen bin, weiß ich, dass ich etwas Falsches getan habe, und ich weiß auch, dass ich meine Freundin verletzt habe. Der Sex war toll, aber nicht so viel besser wie mit meiner Freundin«, sagt Jacob, 26. Männer wissen durchaus, dass der Sex nicht den Schaden wert ist, den er anrichtet. Aber vielleicht sind für manche Männer die Spannung, der Schweiß, der Nervenkitzel und die Bestätigung trotzdem die Sache wert.

**MYSTERIUM MANN**

**40 Prozent der befragten Männer sind der Meinung, sie hätten das Recht auf eine Affäre, wenn ihre Frau schon einmal eine hatte (*MH*).**

## Wo ist die Grenze?

»Eine Freundin von mir hat sich von ihrem Freund getrennt, weil sie ihn dabei erwischt hat, wie er in einer Bar im betrunkenen Zustand eine andere geküsst hat. Das hat zu einer endlosen Diskussion zwischen mir und meinem Freund geführt, was als Betrügen gilt und was nicht. Er hat gesagt, dass ein Kuss im Suff für ihn nur ein Fehler und keine Untreue sei, ich bin da ganz anderer Meinung. Wo ziehen Männer die Grenze zwischen Treue und Untreue?«

Wie Sie im vorangegangenen Kapitel erfahren haben, ist dieses Gebiet grauer als der Himmel über Seattle. Glücklicherweise herrscht wenigstens in einigen Punkten Übereinstimmung. Fast alle Männer betrachten Geschlechtsverkehr, Fellatio und heftiges Petting als Fremdgehen. Die Angelegenheit wird allerdings undurchsichtiger, sobald es um Dinge geht, die nicht unmittelbar etwas mit gewissen Körperteilen zu tun haben. Jeder zweite Mann ist der Meinung, dass der Besuch eines Strip-Clubs mit Fremdgehen gleichzusetzen sei, und jeder fünfte Mann hält Googlen nach der Ex für Untreue gegenüber der Partnerin. Auch bei einer Affäre ist die Sachlage ziemlich eindeutig, wenn man sich jedoch nicht einig ist, wer welche Grenze überschritten hat, wird es schon komplizierter.

»Eines Abends nach einer Party waren eine Freundin von mir und ich die Letzten. Ich hatte damals eine Beziehung. Wir waren beide angetrunken, aber nicht völlig besoffen. Sie fing an, mir unter dem Hemd den Rücken zu massieren, dann berührte sie meine Brust und sagte: ›Du kannst gerne dasselbe bei mir machen‹«, erzählt Jay, 29. »Oh, Mann, das war vielleicht verlockend, aber ich habe mich beherrscht und bin gegangen. Ich weiß, dass ich mich richtig verhalten habe, dennoch habe ich nicht den geringsten Zweifel daran, dass meine damalige Freundin der Meinung gewesen wäre, ich hätte etwas Falsches getan. Immerhin habe ich es überhaupt so weit kommen lassen, dass mich eine andere Frau berührt. Da ich die Notbremse gezogen habe, bevor irgendetwas passiert ist, habe ich es ihr nie erzählt, und bin nicht der Meinung, dass ich ihr untreu war.« Die Grenze variiert sehr stark von Mann zu Mann, weshalb Sie bereits früh in der Beziehung über Ihre Vorstellungen sprechen und definieren sollten, was »Treue« für Sie heißt. Ich glaube jedoch, dass die meisten Männer die Grenze folgendermaßen ziehen: Sie betrachten es als Fremdgehen, wenn sie mit einer anderen Frau physisch in Kontakt kommen und dabei Münder und/oder Genitalien beteiligt sind. Deshalb stellen das Tanzen oder Flirten mit anderen Frauen, Pornografie, der Besuch von Strip-Clubs und sogar das Versenden fragwürdiger E-Mails in den Augen vieler Männer keine Untreue dar. Falls Sie das anders sehen, sollten Sie ihrem Partner das möglichst früh mitteilen – damit er zustimmen, widersprechen oder die Beziehung unter Umständen sogar beenden kann. Es ist nämlich besser, Sie haben eine Meinungsverschiedenheit, *bevor* etwas passiert als danach.

**Frau fragt sich**

»Warum macht es ihn so an, wenn er etwas sieht, was er nicht sehen sollte – zum Beispiel die Brustwarzen einer Frau, die sich durch ihre Bluse abzeichnen, oder die Unterwäsche einer Frau, wenn sie vor ihm die Treppe hinaufgeht?«

Ganz egal, wie oft er die verbotenen Grale, nach denen er als hormonell elektrifizierter Teenager gegiert hat, seither gesehen hat, er wird immer eine Schwäche dafür haben.

## Warum sucht er im Internet?

»Ich habe herausgefunden, dass mein Mann sein Profil bei einer Online-Dating-Börse eingestellt hat. Darin macht er falsche Angaben, was sein Alter und seinen Familienstand betrifft, und beschreibt sogar ganz genau, wonach er sucht. Als ich ihn damit konfrontiert habe, hat er gesagt, er mache das nur zum Spaß und habe nie vorgehabt, irgendetwas zu unternehmen. Selbst wenn ich ihm das abkaufen würde (und glauben Sie mir, das tue ich nicht), verstehe ich nicht, wie er davon ausgehen konnte, nicht erwischt zu werden. Sind Männer tatsächlich so naiv, wenn es um dieses Cyber-Zeugs geht? Ich könnte ja noch verstehen, wenn sich ein Mann in eine Arbeitskollegin verliebt, aber im Internet suchen Männer aktiv nach Gelegenheiten, um ihre Partnerin zu betrügen. Warum?«

Es liegt daran, dass sich viele Männer ungefähr so sicher fühlen wie eine Sahnetorte im Fitnessstudio. Männer geben sich zwar gerne selbstbewusst, doch im Grunde genommen werden wir von vielen Zweifeln geplagt, was unser Aussehen, unsere Figur, unsere Karriere und so weiter betrifft. Was tun wir also? Wir begeben uns in eine überaus kontrollierte Umgebung (an den Computer), anstatt in eine extrem unberechenbare und gefährliche (in eine Bar). »Ich habe mein Profil eingestellt, weil ich wissen wollte, wie viele Frauen sich melden würden, obwohl mir klar war, dass es falsch ist, weil ich verheiratet bin«, sagt Lawrence, 39. »Doch dann wurde eine Sucht daraus. Ich fragte mich, mit wie vielen Frauen ich noch Kontakt aufnehmen konnte und ob es auch bei noch attraktiveren Frauen funktionieren würde. Mir ist bewusst, dass es nicht in Ordnung ist, deshalb habe ich auch damit aufgehört. Der Reiz an der Sache ist meiner Meinung nach die Vorstellung, dass Online-Dating einem Büfett gleicht: Die Möglichkeiten nehmen kein Ende, und man versucht ständig, noch mehr zu bekommen.«

Einigen Statistiken zufolge melden sich 20 Prozent aller Männer, die in festen Händen sind, bei Bekanntschaftsbörsen im Internet an und behaupten, sie seien noch zu haben. Das tun sie nicht, weil sie denken, sie würden niemals erwischt werden. Sie denken vielmehr, sie könnten im Trüben fischen, ohne dass jemals etwas anbeißt. Die schlechte Nachricht lautet, dass sie sich vermutlich täuschen – in beiderlei Hinsicht.

## Männlichkeit gemeistert:

### *Was Sie jetzt über Männer wissen*

- Männern geht es beim Fremdgehen nicht immer um Sex. Es geht ihnen um den Nervenkitzel, die Romantik, die Gefahr und die Intrige, die damit verbunden sind.
- Männer möchten nicht fremdgehen. Sie möchten treu sein. Sie möchten loyal sein. Sie möchten gute Menschen sein. Und sie ziehen es vor, wenn Sie – nicht andere Frauen – all diese Bedürfnisse in ihnen wecken.

- Verlockung kann ebenso beherrschend und verhaltensverändernd sein wie eine Droge. Entzug ist allerdings keine Lösung. Ihm dabei zu helfen, sie zu Hause zu erleben, zu genießen und auszukosten, dagegen schon.

## Was Sie heute Abend sagen sollten!

Das Heißeste, was Randy, 29, jemals von einer Frau gesagt bekommen hat:

»Ich werde dafür sorgen, dass du alle vergisst, mit denen du jemals etwas hattest.«

Das Heißeste, was Lindsey, 26, jemals zu einem Mann gesagt hat:

»Mach die Augen zu. Und versuche, keinen Ton von dir zu geben.«

# 11. Sind Männer genauso eitel wie Frauen?

*Warum Männer sich vor Spiegeln fürchten, und wie Sie seine Ängste nutzen können, um ihn aufzubauen oder unterzubuttern*

**Männer, was würdet ihr am liebsten an eurem Äußeren verändern?**

| | |
|---|---|
| *Bauch:* | 42 Prozent |
| *Haare:* | 8 Prozent |
| *Brust:* | 6 Prozent |
| *Penis:* | 8 Prozent |
| *Gesicht:* | 7 Prozent |
| *Sonstiges:* | 18 Prozent |
| *Nichts:* | 11 Prozent |

Ganz egal, wie oft wir an der Tür stehen, mit den Füßen scharren und ungeduldig auf die Uhr blicken – wir wissen es zu schätzen, was Sie alles dafür tun, um gut auszusehen: das Make-up, die Wachsenthaarungen, die Maniküre, die Feuchtigkeitscremes. Da hilft es natürlich nicht, dass die Paris Hiltons dieser Welt Ihnen vermitteln, Schönheit bestehe darin, so dünn zu sein, wie eine Reitgerte.

Deshalb betrachten Sie uns vermutlich mit einem Luffaschwamm voller Groll und denken sich, wie leicht wir Männer es doch haben. Falls wir uns drei Tage lang nicht rasieren, ist das eben unser verwegener Abenteurer-Look. Wenn wir am Samstagmorgen aufs Duschen verzichten, verstecken wir unser Haar einfach unter einer Baseballkappe. Und wenn der Sommer kommt, müssen wir uns nicht in Badeklamotten zwängen, die so groß wie drei Pokerchips sind.

Aber wir haben ein schmutziges kleines Geheimnis: Männer wirken gerne so, als wäre Ihnen ihr Erscheinungsbild schnurzpiepegal, doch in Wahrheit haben sie selbst etliche Probleme mit ihrem Äußeren. (Wir verkaufen nicht 24 Millionen Exemplare von *Men's Health* pro Jahr, weil Männer sich *keine* Gedanken darüber machen, wie sie aussehen.)

In den Tiefen der geheimen männlichen Prinzipien, genau zwischen »Rümpfe die Nase über Diät-Limonade« und »Hüte dich vor allem, was violett ist, es sei denn, es trägt das Logo der Minnesota Vikings«, findet sich nämlich eine weitere sehr wichtige Regel: »Gib niemals zu, dass du dir Gedanken um dein Äußeres machst.« Deshalb werden Sie von uns auch nie die Frage zu hören bekommen, ob unser Hintern in diesen Jeans dick wirkt, ob unsere Haare schon zu hippiemäßig aussehen oder ob uns der schwabbelige Wulst, der uns über den Gürtel hängt, Anlass zur Besorgnis geben sollte. Wir haben Angst, dass Sie uns als zu eitel, zu schwach, zu metrosexuell und zu feminin abstempeln und das Selbstvertrauen bei uns vermissen könnten, das Sie sich bei einem Mann wünschen und erwarten.

Wir möchten zwar nicht über unseren Körper sprechen, hätten allerdings nichts dagegen, wenn Sie es täten.

Nur ein bisschen.

Patrick, 38, Finanzanalyst aus New York, nahm im Lauf der ersten fünf Ehejahre knapp zehn Kilo zu. »Ich habe mich richtig fett gefühlt, nachdem ich am Strand T-Shirts tragen und mir immer größere Klamotten kaufen musste, aber ich habe nie darüber gesprochen. Meine Frau hat mein Gewicht auch nie kommentiert, daher weiß ich nicht, ob es sie nicht gestört

### Sagen Sie dies, nicht das!

**Sagen Sie:** Du siehst fantastisch aus.
**Und nicht:** Schön, dich zu sehen.
**Denn:** Er muss das hören.

**Sagen Sie:** Wir sollten mal wieder ins Fitnessstudio gehen.
**Und nicht:** Du solltest mal wieder ins Fitnessstudio gehen.
**Denn:** Sein Ego ist genauso zart wie seine schwabbeligen Bauchmuskeln.

**Sagen Sie:** Hey, ich enthaare mir heute Abend die Beine. Soll ich dir bei der Gelegenheit gleich die Schultern enthaaren?
**Und nicht:** Die Haare an deinen Schultern sind ekelhaft.
**Denn:** Wenn Sie die Sache beiläufig erwähnen, wird er die Gelegenheit garantiert beim Schopf packen.

hat oder ob sie dachte, es würde mich kränken«, sagt er. Doch eine Woche, nachdem Patrick wieder angefangen hatte, ins Fitnessstudio zu gehen und sich gesünder zu ernähren, sagte ihm seine Frau eines Morgens, dass seine Hosen lockerer säßen und sein Bauch kleiner geworden sei. »Dazu muss man wissen, dass meine Frau normalerweise nur dann etwas über mein Aussehen sagt, wenn mir Barbecuesauce vom Kinn tropft«, erklärt er. »Mir war klar, dass man nach einer Woche noch keinen großen Unterschied sehen kann, aber was sie gesagt hat, war trotzdem schön zu hören und hat mich angespornt, mich noch mehr zu bemühen.«

Wir werden von unseren Chefs gelobt und bekommen ab und zu ein »schöner Garten« von den Nachbarn zu hören, und diese Ermunterungen motivieren uns, uns weiterhin anzustrengen. Besonders gut tut uns ein solches positives Feedback, wenn es von Ihnen kommt. »Wir sind genauso unsicher wie Frauen, wenn nicht sogar noch unsicherer. Wir zeigen es nur nicht«, sagt Mitchell, 31. »Auch wir möchten Komplimente hören und gesagt bekommen, dass wir attraktiv sind.« Nachdem Sie so viel Zeit damit verbringen, sich um Ihr Äußeres zu kümmern, ist es nur fair, wenn der Mann an Ihrer Seite ebenfalls etwas für sich tut. Dazu ist lediglich ein wenig Inspiration von Ihrer Seite nötig.

## Warum können Männer es nicht akzeptieren, wenn sie eine Glatze bekommen, und es locker nehmen?

»Ich habe seit kurzem einen neuen Arbeitskollegen, der Interesse an mir signalisiert hat. Ich würde sagen, er ist Anfang 30, und ihm gehen die Haare aus – vorne und auch ein bisschen am Hinterkopf. Das finde ich nicht weiter schlimm, aber nun kommt der Haken: Er lässt sich die Haare vorne richtig lang wachsen und kämmt sie dann nach hinten, um die kahle Stelle am Hinterkopf zu überdecken. Das sieht albern aus. Warum merkt er nicht, dass er allen seine Unsicherheit preisgibt, indem er krampfhaft versucht, seine Glatze zu verbergen?«

Das erinnert mich an einen Mann, den ich vor ein paar Monaten bei einem Friseurbesuch gesehen habe. Er war fast völlig kahl und hatte nur noch auf der Seite und am Hinterkopf Haare. Als er sich hinsetzte, scherzte er mit der Friseurin: »Oben bitte auch etwas kürzer.«

Männer gehen mit Haarausfall – ebenso wie mit allen anderen Problemen in Bezug auf ihr Äußeres – auf zwei verschiedene Arten um. Entweder versuchen wir, den so genannten Makel zu verbergen (wie Ihr Arbeitskollege), oder wir ziehen den Makel ins Lächerliche (wie der Mann beim Friseur). Obwohl wir wissen, dass Haarausfall nichts damit zu tun hat, ob wir humorvoll, gut im Bett oder erfolgreich im Beruf sind, ist der Verlust des Kopfhaars eine der emotional schwierigsten Trennungen, die Männer durchmachen.

Michael, 29, sagt: »Meine Haare fangen an auszugehen. Ich bewundere Männer, die sich den Kopf rasieren, wenn sie ein Glatze bekommen, aber ich glaube, ich bin einfach noch nicht bereit dazu, es durchzuziehen.« Die Formulierung »es durchziehen« bringt unsere Unsicherheit auf den Punkt. Jeden von uns stört irgendetwas an seinem Aussehen, doch die Frage ist, auf welcher Seite des Selbstbewusstseinsspektrums wir stehen: auf der Seite, die alles unternimmt, um es zu vertuschen, oder auf der Seite, die kein Problem damit hat, dazu zu stehen.

## Was es zu bedeuten hat, wenn ...

***... er seine Körperbehaarung kämmt/stutzt/mit Wachs entfernt:***

Der perfekt gepflegte Mann versucht nur, Ihnen seine Persönlichkeit zu signalisieren: Er ist cool und gepflegt und deshalb begehrenswert.

***... er sich selten irgendwo kämmt:***

Der nicht ganz perfekt gepflegte Mann versucht nur, Ihnen seine Persönlichkeit zu signalisieren: Er ist cool und entspannt und deshalb begehrenswert.

***... er sagt, dass er eine Diät machen möchte:***

Er kündigt seine Pläne an, verrät damit aber auch, wie er sich fühlt: faul, fett, müde und ungefähr so begehrenswert wie Chicken Wings ohne Soße.

## Warum sind Männer besessen von der Größe ihres besten Stücks?

»Mein Freund ist besessen – und ich meine wirklich besessen – von der Größe seines Penis. Er entschuldigt sich ständig dafür, fragt mich, wie er im Vergleich zu meinen Exfreunden abschneidet, und ich habe ihn sogar schon dabei erwischt, wie er im Internet nach Penisvergrößerungsprodukten recherchiert hat. Ich weiß nicht, wie oft ich ihm noch sagen muss, dass sein Penis absolut durchschnittlich groß ist, dass er sich keine Gedanken machen soll, dass er ein toller Typ ist und dass es mir egal ist, wie groß sein Penis ist. Warum macht ihm das nur so zu schaffen? Schließlich sieht ihn niemand außer mir.«

Männer wissen nicht, was »durchschnittlich« heißt, da ihre Auffassung von Penisgröße auf gelegentlichen, noch dazu unbeabsichtigten Blicken in der Umkleidekabine und auf Jenna-Jameson-Meisterwerken basiert. Deshalb halten manchmal auch durchschnittlich bestückte Männer sich selbst für stummeliger als ein Mini Cooper und alle anderen für länger als einen LKW mit Anhänger. Tim, 31, Verkaufsleiter aus Missouri, hat sich vor kurzem von seiner Freundin getrennt, mit der er drei Jahre zusammen war. Als er anfing, sich wieder zu verabreden, machte er sich auf einmal auch Sorgen über die Größe seines besten Stücks. »Ich war so lange mit ein und derselben Frau zusammen, dass ich kaum einen Gedanken daran verschwendet habe«, sagt er. »Als ich dann das erste Mal mit einer anderen Frau Sex hatte, war es mir ein bisschen peinlich, mich auszuziehen. Ich weiß, dass ich weniger gut bestückt bin als andere Männer, und ich konnte nicht umhin, mich zu fragen, was sie wohl davon hielt.«

Wir wissen, dass die Größe des Bohrers angeblich nicht so wichtig ist wie der Akku, der ihn antreibt. Tatsächlich behaupten 75 Prozent aller Frauen, dass sie mit der Penisgröße ihres Partners zufrieden seien – und das könnten sie uns ruhig häufiger wissen lassen. Trotzdem denken wir, der Grad unserer Männlichkeit hinge von der Größe unseres Geschlechtsteils ab, und fragen uns, wie wir im Vergleich zu all den Männern abschneiden, die in der Vergangenheit um Ihre Aufmerksamkeit gebuhlt und sie auch gewonnen haben.

**Frau fragt sich**

»Ist es wirklich so schwierig, sich neue Hosen zu kaufen?«
Ja.

## Was veranlasst einen Mann, sich in Form zu bringen?

»Seit ich mich erinnern kann, hat sich mein Mann nicht verändert: Er trägt dieselben Klamotten, er hat seit zehn Jahren die gleiche Frisur, und er ist schon immer ein bisschen fülliger gewesen, als er sein sollte. Alles schön normal und wie gehabt. Vor ein paar Monaten hat er nun seine Frisur geändert, sich neue Sachen zum Anziehen gekauft und angefangen, ins Fitnessstudio zu gehen. Er erst 33, für eine Midlifecrisis ist es wohl noch ein bisschen zu früh. Hat er eine Affäre? Wenn nicht, was ist dann los? Warum ausgerechnet jetzt?«

Mark, 42, Schriftsteller aus New York, erinnert sich, was ihn zum Abnehmen bewogen hat. Seine vierjährige Tochter hatte ihn gefragt: »Dad, bist du schwanger?« Das genügte. »Meine Frau hatte drei oder vier Jahre erfolglos auf mich eingeredet, dass ich mich zusammenreißen soll, aber diese vier Wörter haben genügt«, erzählt er. Männer mögen es nicht, wenn man ihnen Tipps gibt, sie belehrt oder an ihnen herumnörgelt. Auf bestimmte Auslöser reagieren wir dagegen – oft scheinbar unlogische Momente oder Kommentare, die in Wirklichkeit überaus logisch sind. Interessanterweise brauchen diese Auslöser nicht negativ zu sein, wie in Marks Fall. Sie können auch von Ihnen kommen, wenn Sie feststellen – und erwähnen –, dass Ihnen etwas an uns gefällt. Es geht nur darum, einen kleinen Knopf zu drücken, woraufhin wir unseren Wunsch, uns zu verändern, in die Tat umsetzen. Ich habe keine Ahnung, was wirklich mit Ihrem Mann los ist, aber ziehen Sie nicht sofort negative Schlüsse aus seinem Verhalten. Ich möchte wetten, dass es eine Kleinigkeit war, die ihn dazu bewogen hat, etwas Großes in die Wege zu leiten.

**MYSTERIUM MANN**

**60 Prozent der befragten Männer sind mit ihrer Penisgröße nicht zufrieden.**

## Männlichkeit gemeistert:

### *Was Sie jetzt über Männer wissen*

- Was ihre Figur und ihre äußere Erscheinung betrifft, sind Männer manchmal ebenso unsicher wie Frauen. Mit ein paar Komplimenten zur rechten Zeit über das, was Ihnen an unserem Äußeren gefällt – auch wenn es uns nicht gefällt –, gewinnen Sie uns für sich. Für lange Zeit.
- Wenn es um unsere Erscheinung geht, können Sie uns unter die Arme greifen, indem Sie wie ein guter Trainer vorgehen. Kritisieren Sie uns, wenn wir etwas falsch gemacht haben, aber sagen Sie uns auch, wenn wir etwas richtig gemacht haben. Wir können durchaus ein paar Pfiffe vertragen, solange wir auch ein bisschen Applaus bekommen.
- Auf die Größe kommt es doch an. Zumindest für den Mann.

## Was Sie heute Abend sagen sollten!

Das Heißeste, was Drew, 32, jemals von einer Frau gesagt bekommen hat:

»Lass es uns noch mal tun.«

Das Heißeste, was Jennifer, 22, jemals zu einem Mann gesagt hat:

»Ich nehme dich mit nach Hause und reite auf dir wie auf einer Harley über eine holprige Straße.«

## 12. Warum müssen Männer immer alles »in Ordnung« bringen?

*Wenn Sie der Meinung sind, dass er nicht auf Ihre Gefühle achtet, täuschen Sie sich. Hier erfahren Sie, was ihm Ihre Gefühle bedeuten und wie Sie sich gegenseitig helfen können, sich zum Besseren zu verändern*

**Frage an die Frauen: Warum fragt ihr Männer nicht um Rat bei Beziehungsproblemen? (Mehr als eine Antwort möglich.)**

| | |
|---|---|
| *Männer verstehen uns nicht:* | 19 Prozent |
| *Männer können sich nicht einfühlen :* | 16 Prozent |
| *Männer sind schlechte Zuhörer:* | 15 Prozent |
| *Männer sagen nie das Richtige:* | 12 Prozent |
| *Männer geben keine guten Ratschläge:* | 7 Prozent |
| *Männer sind zu sehr damit beschäftigt, uns in den Ausschnitt zu starren:* | 4 Prozent |
| *Andere Gründe:* | 34 Prozent |
| *Keine Gründe:* | 25 Prozent |

Der 38-jährige Bauingenieur Davis kam vor ein paar Monaten nach Hause und fand seine Frau Ilana, die für eine gemeinnützige Organisation arbeitet, weinend vor. Als er sie fragte, was los sei, erzählte sie ihm, dass sie gerade bei einer Beförderung übergangen worden war und jemand die Stelle bekommen habe, der sie nicht verdiene. Nun habe sie das Gefühl, in einem Job gefangen zu sein, in dem sie nicht geschätzt werde und zudem unterbezahlt sei. »Ich habe ihr geraten, zu ihrem Boss zu gehen und ihm zu sagen, was in ihr vorgeht. Als sie entgegnete, das sei sinnlos, habe ich ihr empfohlen, ihren Lebenslauf auf den neuesten Stand zu bringen, weil ihr Job offensichtlich nicht gut für sie ist. Daraufhin ist sie richtig auf mich losgegangen«, erzählt er. »Sie hat mir gesagt, ich verstehe sie nicht und könne nicht erwarten, dass sie auf einmal nicht mehr sauer ist, nur weil ich nach Hause komme und ihr sage, sie solle sich einen neuen Job suchen.«

An den neu verfugten Fliesen in der Küche kann man es zwar in den meisten Fällen nicht erkennen, aber Männer bringen gerne Sachen in Ordnung. Das gilt für Sachen im Haus, Sachen mit Kabeln, Sachen in Spielzeugkisten und Sachen in Ihrem Kopf. Und es gehört zu den Dingen, welche die Männer in unserer Umfrage immer und immer wieder angesprochen haben.

Präsentieren Sie uns das Problem, dann präsentieren wir Ihnen das Istgleichzeichen.

»Männer bringen Sachen in Ordnung. Zu mir braucht niemand mit seinen Problemen zu kommen, wenn er sie nicht gelöst haben will, sondern nur bemitleidet werden möchte.« – Timothy, 30

»Wenn ein Mann hört, wie sich seine Partnerin über irgendetwas beklagt, geht er davon aus, dass sie es in Ordnung gebracht bekommen möchte – ganz egal, worum es sich handelt.« – Bruce, 37

»Männer denken logisch: Männer suchen nach Lösungen für Probleme und glauben nicht, dass zuhören allein etwas nützt. – Lee, 24

»Da wir gerne Probleme lösen, fühlen wir uns schlecht, wenn wir eure nicht lösen können« – Nate, 25

Das stimmt genau. Wir fühlen uns schlecht, wenn wir etwas nicht für Sie in Ordnung bringen können.

53 Prozent aller Männer behaupten, sie würden in der Regel Lösungen vorschlagen, wenn ihre Frau oder Freundin mit einem Problem zu ihnen kommt (das sind mehr als diejenigen, die behaupten, dass sie mitfühlen, zuhören oder so tun, als würden sie zuhören). Sie sind darauf programmiert, Mit-

**Sagen Sie dies, nicht das!**

**Sagen Sie:** Ich muss mich mal zehn Minuten lang abreagieren.
**Und nicht:** Ich muss mit dir reden.
**Denn:** Damit geben Sie ihm zu verstehen, dass er Ihnen nur zuhören soll, ohne selbst etwas beizutragen.

**Sagen Sie:** Danke, dass du versucht hast, mir zu helfen.
**Und nicht:** Du hilfst mir auch nicht weiter.
**Denn:** Er versucht es.

gefühl zu zeigen, wenn jemand mit seinen Problemen zu Ihnen kommt. Deshalb erwarten Sie wohl von uns dasselbe. Wir sind allerdings darauf programmiert, ein Problem zu analysieren, es anzupacken, es zu lösen und zum nächsten Problem überzugehen.

Es mag sein, dass Sie die Problemlösung mit Vorspiel bevorzugen – also mit umarmen, zuhören, nicken und sprechen. Uns sind dagegen Problemlösungs-Quickies lieber: denken, entscheiden, handeln. »Meine Freundin meint, dass ich immer ihre Probleme lösen will, also versuche ich, es zu lassen. Aber jedes Mal, wenn sie mir irgendwas erzählt und ich keine Lösung parat habe, komme ich mir vor, als wäre ich ihr überhaupt keine Hilfe.« – Jamie, 27.

Wenn Sie also ein Problem haben, bei dessen Lösung wir Ihnen nicht helfen können – sei es Ärger im Job, eine Meinungsverschiedenheit mit Ihrer Mutter oder ein gesundheitliches Problem –, ist es womöglich frustrierend für Sie, wenn

**Was es zu bedeuten hat, wenn …**

***… er Sie umarmt (nach dem ersten Date):***
Er möchte ein zweites.

***… er Sie umarmt (nach dem Sex):***
Er ist von Ihnen beeindruckt.

***… er Sie umarmt (nach einem Streit):***
Versöhnungssex gefällig?

wir nicht den Mund halten. Allerdings, ist es genauso frustrierend für uns, wenn wir ihn halten.

Wir möchten helfen. Wir möchten Probleme lösen. Wir möchten Dinge in Ordnung bringen. Wenn uns das nicht gelingt, haben wir das Gefühl, dass etwas anderes nicht funktioniert. Wir.

## Wie bringe ich ihn dazu, unsere Beziehungsprobleme anzugehen?

»Mit meinem Freund läuft es in letzter Zeit nicht besonders gut. Ich habe ihm gesagt, was ich empfinde – dass ich mehr von unserer Beziehung erwarte, dass ich das Gefühl habe, er gibt sich nicht mehr so viel Mühe wie früher, dass bei uns anscheinend Routine eingekehrt ist. Seine Reaktion? Er hat keinen Ton mehr gesagt. Er hat nur gemeint, es tue ihm leid, dass ich das so sehe, und dann hat er mir die klassische Frage gestellt: ›Was soll ich deiner Meinung nach tun?‹ Ich hasse das. Mir kommt es vor, als wollte er damit mir die Verantwortung für den Erfolg unserer Beziehung übertragen. Was versucht er zu beweisen, wenn wir Beziehungsprobleme haben?«

Für Sie mag »Was soll ich deiner Meinung nach tun?« nach einem Ausweichmanöver oder nach einer Methode klingen, um Dampf abzulassen. Für uns fasst diese Frage jedoch sämtliche Emotionen zusammen, die wir haben, wenn es um Beziehungsprobleme geht. Sag mir einfach, was zu tun ist. Sag mir, wie ich es in Ordnung bringen kann. Sag mir, wie ich dich glücklich machen kann. Wir wissen natürlich, dass das Leben keine mathematische Gleichung ist, dass eine Geste, eine bestimmte Handlung oder ein Kommentar negative Gefühle nicht auf wundersame Weise in positive verwandeln kann. Doch das ist nun einmal die Methode, mit der wir das erreichen möchten.

»Wir denken anders als Frauen«, sagt Luke, 26. »Unsere Gedankenmuster sind geradliniger. Trotzdem möchten wir euren Bedürfnissen entsprechen und den Dingen auf den Grund gehen, die euch zu schaffen machen. Wir schlagen nur einen anderen Weg ein.«

**Frau fragt sich**

»Warum recherchiert er drei Wochen lang, bevor er sich etwas kauft, auch wenn es sich nur um eine Kleinigkeit handelt?«

Männer sind zwar manchmal impulsiv, was Frauen oder Biersorten betrifft, nicht aber, wenn es um ihr Geld geht.

## Warum dreht er alles so hin, dass es um ihn geht?

»Vor kurzem hatte ich einen heftigen Streit mit meiner Mutter. Wir haben darüber gesprochen, wer wohin in den Urlaub fährt, und am Ende hat sie behauptet, dass ich es immer schaffe, die Stimmung zu vermiesen. Ich war stinksauer und habe die Sache meinem Mann berichtet. Daraufhin hat er mir eine lange Geschichte erzählt, wie seine Schwester sich über irgendetwas mit ihrer Mutter gestritten hat. Ich wollte nur ein bisschen Dampf ablassen, aber er hat es so hingedreht, dass es nur noch um ihn und seine Familie ging. Warum hat er mir nicht einfach zugehört?«

Bei unserer Umfrage haben ungefähr zehn Prozent der Männer gesagt, dass sie diese Taktik häufig benutzen – dass sie versuchen, von einem eigenen Erlebnis zu erzählen, das dem Ihren ähnelt. Ich glaube nicht, dass Ihr Mann damit Ihre Geschichte widerlegen oder abtun wollte. Wahrscheinlich wollte er Ihnen nur ein Beispiel geben, damit Sie eine Lösung für Ihr Problem finden. »Meine Freundin hält mir immer wieder vor, ich wolle jede Geschichte, die sie mir von sich erzählt, mit einem Erlebnis von mir übertreffen«, sagt Bo, 25. »Ich versuche es aber gar nicht. Ich will mich nur in sie hineinversetzen, denn das ist es doch, was sie möchte.«

Wenn der Eindruck entsteht, wir würden nicht zuhören, liegt das daran, dass wir denken – und auch so empfinden –, sich ein Problem nur anzuhören sei ungefähr dasselbe, als würde man versuchen, eine Pizza mit einer Büroklammer zu zerschneiden. Es bringt ohnehin nichts, also warum soll man sich die Mühe machen? Wir fragen uns, was es Ihnen nützt, dass wir dasitzen und nicken, wenn wir Ihnen nicht dabei helfen können, einen Weg aus dem Labyrinth von Stress, Unzufriedenheit und Frust zu finden. Wenn wir nur zuhören, haben wir das Gefühl, dass Sie das genaue Gegenteil denken – nämlich, dass wir Ihnen überhaupt nicht zuhören.

## Warum kann er in der Öffentlichkeit nicht zärtlicher sein?

»Ein Paar aus unserem Freundeskreis scheint die perfekte Beziehung zu haben. Die beiden haben tolle Jobs, zwei süße Kinder, sie verreisen oft und gehen richtig nett miteinander um. Nachdem mein Mann und ich wieder mal einen Abend mit ihnen verbracht hatten, habe ich eine Bemerkung darüber gemacht, dass die beiden so glücklich wirken. Mein Mann hat erwidert: ›Soll das heißen, dass du nicht glücklich bist?‹ Das war der Auslöser zu einem Streit. Er hat gesagt, er finde es unmöglich, dass ich uns mit anderen Paaren vergleiche. Und dass manche Männer ihre Frau vor allen anderen ›Schatz‹ nennen, sage noch lange nichts über die Beziehung aus. Warum habe ich damit einen so wunden Punkt bei ihm erwischt?«

Weil Ihr Vergleich die Verschlüsselung war von: Du bist ein gefühlloser Grobian, der mir nichts von dem gibt, was eine

Frau verdient. »Meine Freundin beschwert sich ständig bei mir, dass ich nicht zärtlicher bin, wenn wir unter Leuten sind. Sie erwartet nichts Weltbewegendes von mir, nur mehr Händchenhalten und so weiter. Aber ich mag das einfach nicht. Wenn wir auf der Straße händchenhaltende Pärchen sehen, macht sie sogar Bemerkungen, wie nett sie das findet«, erzählt Andre, 34. »Ihre Kommentare sind eigentlich nicht weiter schlimm, trotzdem gehen sie mir ziemlich auf die Nerven. Ich bin erfolgreich in meinem Job, behandle sie gut und finde, dass ich ein guter Freund bin, doch wegen dieser einen Sache, bei der ich mich nicht wohl fühle, bin ich ein mieser Kerl, der minderwertiger ist als all die händchenhaltenden, küssenden Männer auf dieser Welt.«

**MYSTERIUM MANN**

**4 Prozent der befragten Männer tun nur so, als würden sie den Problemen einer Frau lauschen, ohne viel dazu zu sagen.**

Warum stört uns das so sehr? Abgesehen von der Tatsache, dass wir es nicht mögen, wenn unsere romantische (oder unromantische) Art in einem realitätsähnlichen Wettkampf beurteilt wird, haben wir auch etwas dagegen, wenn Sie annehmen, die Antwort eines anderen Mannes auf eine Situation sei auch die Antwort auf unsere Situation.«

## Männlichkeit gemeistert:

***Was Sie jetzt über Männer wissen***

- Wir haben den Instinkt zu helfen. Wenn wir uns Ihr Problem nur anhören, ohne eine Lösung vorzuschlagen, haben wir das Gefühl, Sie könnten denken, dass wir Ihnen überhaupt nicht zuhören.
- Wir versuchen nicht, Ihr Problem unter den Teppich zu kehren. Wir versuchen, es Ihnen vom Hals zu schaffen.
- Wenn wir Sie fragen, was Sie von uns erwarten, bevorzugen wir konkrete Antworten.

## Was Sie heute Abend sagen sollten!

Das Heißeste, was Adrian, 22, jemals von einer Frau gesagt bekommen hat:

»Deine Lippen wissen genau, was sie tun.«

Das Heißeste, was Lisa, 29, jemals zu einem Mann gesagt hat:

»Alle Frauen sollten so viel Glück haben.«

# 13. Warum haben Männer Angst vor Ärger?

*Es gibt nur einen Weg, wie eine Frau einen Mann aus der Reserve locken kann – und nur einen Weg, um das wilde Tier wieder zu besänftigen*

**Männer, worüber streitet ihr euch typischerweise mit eurer Partnerin? (Mehr als eine Antwort möglich.)**

| | |
|---|---|
| *Geld:* | 38 Prozent |
| *Hausarbeit/Aufgaben im Haushalt:* | 26 Prozent |
| *Sex:* | 24 Prozent |
| *Über die Tatsache, dass sie glaubt, sie sei für mich eine Selbstverständlichkeit:* | 22 Prozent |
| *Engagement in der Beziehung:* | 21 Prozent |
| *Weil ich nicht über meine Gefühle spreche:* | 19 Prozent |
| *Kinder:* | 17 Prozent |
| *Weil ich ihrer Meinung nach zu viel arbeite:* | 14 Prozent |
| *Schwiegereltern:* | 13 Prozent |
| *Treue/andere Frauen:* | 9 Prozent |

Letztes Jahr bekam Gene, 42, der für eine Maklerfirma arbeitet, 10 000 Dollar Erfolgsprämie. Auf dem Rückweg von der Arbeit hielt er bei einem Elektronik-Fachhandel an und bestellte ein Fernsehgerät mit Großbildschirm. Als er zu Hause ankam und seiner Frau davon erzählte, sprang sie vor Wut im Dreieck. »Sie ist völlig ausgeflippt und hat gemeint, ich hätte kein Recht, das Geld auszugeben, ohne sie vorher zu fragen. Sie hat mir gesagt, sie könne es nicht glauben, wie unvernünftig ich sei«, berichtet er. »Also habe ich mich verteidigt. Ich habe ihr erklärt, dass ich sonst nie Geld für mich ausgebe, dass es eine Erfolgsprämie war, nicht ein Teil unseres normalen Budgets, und dass ich mich ein Mal belohnen wollte, weil ich mich das ganze Jahr abgerackert habe und es verdient hätte. Anschließend haben wir drei Tage lang nicht miteinander gesprochen, und es hat fast zwei Wochen gedauert, bis die Sache endlich ausgestanden war und wir normal darüber reden konnten.«

Rückblickend wurde Gene bewusst, dass er in einigen, aber nicht in allen Punkten recht hatte. Außerdem hatte er sich in der Wortwahl vergriffen und den Fehler gemacht, seine Frau vor dem Kauf nicht einzuweihen. »Aber sie ist dermaßen auf mich losgegangen. Wenn sie mir einfach nur die Meinung gesagt hätte, ohne dabei durchzudrehen, wäre uns eine Menge böses Blut erspart geblieben.«

Wir Männer hassen es, uns zu streiten, weil wir Streiten instinktiv mit Aggression und Wut assoziieren. Falls Sie also Ihren Partner richtig in eine Diskussion einbinden möchten, sollten Sie als Erstes versuchen, Ihre Verärgerung unter Kontrolle zu bringen. Wenn man uns direkt konfrontiert, reagieren wir instinktiv abwehrend und verteidigen uns. Die Tatsache, dass es sich um einen verbalen Angriff handelt, bedeutet nicht, dass unsere Reaktion anders ausfällt als bei einem physischen Angriff. Braten Sie uns eins über, sagt uns unser Instinkt, dass wir Ihnen ebenfalls eins überbraten sollen.

Oder – da für uns nur kämpfen oder flüchten in Frage kommt – wir wählen die andere Option und treten die Flucht an.

»Wenn meine Freundin emotional auf ein Problem reagiert, halte ich einfach den Mund«, sagt Bryan, 34. »Ich möchte nicht mit ihr diskutieren, wenn sie sauer ist, und das macht sie noch

### Sagen Sie dies, nicht das!

**Sagen Sie:** Es ist dein gutes Recht, sauer zu sein.
**Und nicht:** Beruhige dich.
**Denn:** Er möchte bestätigt werden, nicht besänftigt.

**Sagen Sie:** Mir gefällt, wie du dieses und jenes machst, aber das stört mich.
**Und nicht:** Das stört mich.
**Denn:** Kritik ist mit Zuckerguss leichter verdaulich.

**Sagen Sie:** Lass uns erst mal durchatmen. Ich bin sicher, eine Pause wird uns beiden guttun.
**Und nicht:** Verschwinde.
**Denn:** Obwohl Sie miteinander streiten, sollte er wissen, dass Sie beide noch immer im gleichen Team sind.

wütender. Es ist wie in dieser einen Szene in *Top Gun*, als der Typ, der Goose ersetzt, zu Tom Cruise sagt: ›Angreifen, Maverick! Angreifen, Maverick!‹ Der jedoch entgegnet immer wieder: ›Das ist nicht richtig, das ist nicht richtig.‹ Er greift nicht an, bevor er bereit ist, und ich streite mich nicht, bevor sie sich beruhigt hat.«

**MYSTERIUM MANN**

**15 Prozent der befragten Männer behaupten, sie würden sich nie mit ihrer Frau oder Freundin streiten.**

Wenn man bedenkt, dass die meisten Männer entweder explodieren oder sich verdünnisieren, wird deutlich, wo das Problem liegt: Nichts wird jemals ausdiskutiert. Das soll nicht heißen, dass Sie nicht emotional oder leidenschaftlich sein dürfen, und es soll auch nicht in Frage stellen, ob Ihre Verärgerung überhaupt berechtigt ist (was sie wahrscheinlich ist). Das soll nur heißen, wenn Sie ein Problem wirklich lösen möchten, sollten Sie Ihren Frust an einem Taschentuch oder einem Boxsack auslassen – und dann das Problem mit ihm gemeinsam anpacken.

»Ich wünsche mir, Frauen könnten verstehen, dass Männer und Frauen unterschiedliche Menschen sind, die die Welt aus unterschiedlichen Blickwinkeln betrachten. Es bringt nichts, wenn Frauen versuchen, den Mann an ihrer Seite dazu zu bewegen, die Dinge auf dieselbe Weise zu betrachten wie sie selbst«, sagt Max, 34. »Eines der Geheimnisse einer erfolgreichen Beziehung ist die Fähigkeit, sich auf liebenswerte Art sowohl einig als auch uneinig zu sein.«

## Warum scheuen Männer vor Auseinandersetzungen zurück?

»Mein Freund will sich einfach nicht streiten. Er weigert sich beharrlich, und das ist etwas, was mich wirklich an ihm nervt. Ich würde manchmal sehr gerne mit ihm diskutieren, auch wenn es nur um irgendetwas Unwichtiges geht. Einmal habe ich ihm vorgeworfen, er flirte mit einer Kellnerin, weil ich sehen wollte, ob ich ihn damit aus der Reserve locken kann. Aber er hat es einfach mit einem Achselzucken abgetan, mir gesagt, dass ich verrückt sei, und sich nicht einmal verteidigt. Wie bringe ich ihn dazu, sich mit mir anzulegen? Ich bin der Meinung, dass Streiten der Beziehung guttut, er dagegen findet es destruktiv.«

**MYSTERIUM MANN**

**19 Prozent der befragten Männer sagen, sie würden kämpfen wie ein Strafverteidiger, um Frauen mit Argumenten zu Fall zu bringen.**

Einige Männer streiten sich für ihr Leben gerne, wenn sie in einer Bar oder in einem Boxring sind, doch die meisten von uns streiten sich nicht gerne, wenn sie verliebt sind. (Manche Männer behaupten sogar, sie würden sich gelegentlich nur streiten, um abzustreiten, dass es überhaupt ein Problem gibt.) »Ich hasse es, mich zu streiten. Mir kommt es vor, als stimme irgendetwas mit meiner Beziehung nicht, wenn ich mich streite«, sagt David, 28. Ich glaube nicht, dass es irgendeine Möglichkeit gibt, um einen Beziehungs-Pazifisten in einen Wasserstoffbomben-Auslöseknopfdrücker zu verwandeln. Wenn Ihr Partner sich nicht mit Ihnen anlegen möch-

## Was es zu bedeuten hat, wenn …

***… er während eines Streits plötzlich verstummt:***

Das könnte zwei Dinge bedeuten: Erstens, er möchte nichts sagen, was dazu führen könnte, dass Sie mit einem Toaster nach ihm werfen. Zweitens, er weiß, sein Schweigen wird Sie so auf die Palme bringen, dass Sie am liebsten mit einem Toaster nach ihm werfen würden.

***… er während eines Streits etwas richtig Gemeines sagt:***

Er hält seine Gefühle lange unter Verschluss. Wenn er explodiert, dann explodiert er richtig.

***… er irrsinnig eifersüchtig auf einen Ihrer Exfreunde ist:***

Das Einzige, was noch schlimmer ist, als Sie sich nackt mit einem anderen Mann vorzustellen, ist, Sie sich nackt mit dem Mann vorzustellen, der Ihnen beiden gerade in einem Restaurant über den Weg gelaufen ist.

te – vor allem nicht wegen Dingen, die sich ohne Streit regeln lassen –, werden Sie ihn vermutlich nicht bekehren können. Aber sind Sie sich eigentlich sicher, ob Sie seine Streit-Unlust zu einem der Themen machen möchten, über die Sie sich streiten könnten?

## Warum behandeln Männer uns manchmal von oben herab?

»Mein Verlobter und ich hatten einen ziemlich heftigen Streit um Geld. Wir haben uns lange darüber unterhalten, wie wir unsere Bankkonten zusammenlegen können, wie wir unsere Ersparnisse investieren sollen, wer sich um Rechnungen kümmern wird und diese ganzen Sachen. Dann ist er plötzlich sarkastisch geworden und hat gesagt, ich könne nicht einmal in Restaurants das Trinkgeld ausrechnen. Das macht er immer so, wenn wir uns streiten – er wird richtig spöttisch. Wenn ich dann sauer werde, sagt er, er habe nur einen Witz machen wollen. Ich finde es aber richtig gemein und herablassend von ihm. Was hat er davon, wenn er mich demütigt?«

### Frau fragt sich

»Warum kann er nicht einfach sagen: ›Es tut mir leid?‹ «

Weil er auf dem falschen Dampfer ist und glaubt, es sei unmännlich, sich zu entschuldigen, auch wenn in Wahrheit das Gegenteil der Fall ist.

Ganz einfach: Ein Schutzschild. Er glaubt, sich in der Auseinandersetzung einen leichten Vorteil verschaffen zu können, wenn er seine Meinung als Witz kundtut, dem eine kleine Beleidigung innewohnt. »Beim Sport ist es nicht immer böse gemeint, wenn man den Gegner blöd anredet. Es ist nur so eine Art psychologisches Spiel, um sich gegenüber dem Gegner zu behaupten«, erklärt Kevin, 32. »Ich habe auch schon beobachtet, dass Freunde von mir das bei ihren Frauen ebenfalls tun. Nur ein kleiner Seitenhieb hier und da. Sie sagen, sie würden das nur aus Spaß machen, in Wirklichkeit handelt es sich jedoch um eine Kampftaktik, die sie benutzen, um Auseinandersetzungen zu beenden.«

## Was ist so schlimm daran, ein bisschen zu nörgeln?

»Okay, ich will ganz ehrlich sein. Ich weiß, dass ich ab und zu an meinem Mann herumnörgle. Er behauptet, ich nörgele an allem herum, was er tut – von der Art und Weise, wie er aufräumt, bis zu der Art und Weise, wie er morgens das Badezimmer hinterlässt. Ich möchte nicht gemein sein; ich möchte lediglich, dass er etwas mehr Respekt vor seiner Umwelt und vor unserem Haus zeigt. Es geht nur um Kleinigkeiten, deshalb glaube ich, das Ganze ist halb so wild. Aber ich höre immer wieder von anderen Männern, dass sie das ›Genörgle‹ ihrer Frauen nicht ausstehen können. Haben Männer tatsächlich ein so dünnes Fell?«

Es gibt zwei Möglichkeiten, um einen Felsen zu zerkleinern. Entweder man wirft ihn auf den Boden und sieht zu, wie er in Stücke zerbricht. Oder man meißelt und meißelt und meißelt, bis nichts mehr von ihm übrig ist. Beide Möglichkeiten liefern dasselbe Ergebnis, doch bei einer dauert der Schmerz viel länger an. »Nörgeln bringt gar nichts. Wenn sie mir mehr Respekt entgegenbrächte, könnte sie mehr erreichen«, sagt Ryan, 27. Eine einfachere Methode, um einen Mann zu motivieren, besteht darin, auf sein Problemlösungs-Belohnungszentrum abzuzielen: Erwähnen Sie, wie toll das Badezimmer aussehen würde, wenn er es sauber hielte, anstatt ihm zu sagen, wie schlimm es aussieht, wenn er darin gewütet hat. Sobald sein Gehirn die »Sauberes Badezimmer = glückliche Ehefrau«-Gleichung abgespeichert hat, wird er entsprechend handeln.

## Männlichkeit gemeistert:

***Was Sie jetzt über Männer wissen***

- Männer fürchten sich vor Ärger. Je weniger Sie Ihre Wut zeigen, desto mehr werden Sie erfahren.
- Viele Männer betrachten Streiten nicht als den reinigenden und beziehungsstärkenden Akt, den Sie darin sehen. In Ihren Augen mag Streiten Emotionen zeigen. In unseren Augen ist es besser, sie zu erklären, ehe es zu verbalen Faustschlägen kommt.
- Wenn wir in die Ecke gedrängt werden, schlagen wir entweder unerbittlich zurück oder suchen wortlos das Weite. Wir sind uns ziemlich sicher, dass Ihnen keines von beiden gefällt.

## Was Sie heute Abend sagen sollten!

Das Heißeste, was Bill, 24, jemals von einer Frau gesagt bekommen hat:

»Du bist das Beste, was mir je passiert ist.«

Das Heißeste, was Jessica, 25, jemals zu einem Mann gesagt hat:

»Pack mich aus.«

## 14. Glauben Männer an Liebe auf den ersten Blick?

*Warum eine kleine Geste den Unterschied zwischen »nur Freunde« und lebenslangem Glück bedeuten kann*

**Männer, was findet ihr bei einer »neuen« Frau besonders anziehend?**

| | |
|---|---|
| *Aussehen/Figur:* | 36 Prozent |
| *Blickkontakt:* | 22 Prozent |
| *Lächeln:* | 20 Prozent |
| *Selbstvertrauen:* | 13 Prozent |
| *Erste Worte:* | 6 Prozent |
| *Bekleidung:* | 3 Prozent |

Männer betrachten Dating am liebsten als Spiel. Wir spielen die Maus, Sie spielen den Käse. Haben wir es auf den Käse abgesehen? Ja, mehr als auf alles andere. Können wir den Käse riechen? Ja. Wissen wir, was wir tun müssen, um den Käse zu bekommen? Wir haben keinen blassen Schimmer. Trotzdem wollen wir nicht, dass Sie uns den Käse unmittelbar vor die Nase legen, bevor wir überhaupt aus den Startlöchern gekommen sind. Wir möchten beobachten, wir möchten nachdenken, wir möchten uns eine Strategie zurechtlegen. Denn das macht den Käse letztendlich viel schmackhafter.

Das soll allerdings nicht heißen, dass Sie mit uns spielen, uns täuschen und ködern sollen, um uns dann die Tür vor der Nase zuzuschlagen und uns gegen einen schnelleren, schlaueren und genetisch überlegenen Geschlechtsgenossen einzutauschen. Wir wollen damit nur sagen, dass wir das Dating-Spiel gerne spielen und Gefallen daran finden. Es gibt nämlich nur wenige Dinge (abgesehen von gegnerischen Toren in letzter Sekunde und Prostata-Untersuchungen), die uns nervöser machen, als den Weg zu Ihnen zu meistern.

Tatsache ist, dass wir mehr Schmetterlinge im Bauch haben, als in jedem Reiseführer über Costa Rica zu sehen sind, wenn wir Sie umwerben, uns Ihnen nähern, Ihnen auf Schritt und Tritt folgen oder auch nur versuchen, Sie kennenzulernen. Unsere anfängliche Nervosität ist darauf zurückzuführen, dass wir uns fragen, ob wir eingerostet oder bereit für unseren großen Auftritt sind. Unser Publikum – nämlich Sie – ist viel einschüchternder als jedes andere, vor dem wir jemals aufgetreten sind. Aber jetzt kommt's: Wenn wir langfristig an Ihnen interessiert sind, möchten wir nicht, dass Sie uns mit einer Liebeserklärung oder sogar mit einer Einladung ins Schlafzimmer alle unsere Ängste nehmen. Zumindest nicht sofort.

»Frauen, die einen beim ersten Date provozieren, sind verdammt sexy. Gerade genug, um einem zu zeigen, dass sie Interesse haben, aber nicht so sehr, dass sie verzweifelt wirken.« – Danny, 32

»Ich stehe auf forsche Frauen – ich wünschte, es gäbe mehr von der Sorte. Aber sie müssen wissen, wann Schluss ist. Eine Frau, die mich berührt, sich an mich schmiegt und solche Dinge tut, kommt für mich viel eher langfristig in Frage als eine Frau, die mir nach einer halben Stunde die Zunge in den Hals schiebt.« – Allen, 36

## Sagen Sie dies, nicht das!

**Sagen Sie:** Was hast du denn in letzter Zeit so gemacht?
**Und nicht:** Warum hast du mich nicht früher angerufen?
**Denn:** Er ruft Sie jetzt an, und das ist gut so.

**Sagen Sie:** Ich gehe heute Abend zum Yoga, aber vielleicht können wir uns anschließend noch treffen.
**Und nicht:** Eigentlich wollte ich zum Yoga gehen, aber ich kann es auch ausfallen lassen.
**Denn:** Etwas vorzuhaben ist interessanter, als entgegenkommend zu sein.

**Sagen Sie:** Wie ist dein Verhältnis zu deinem Vater?
**Und nicht:** Ich möchte, dass das zwischen uns etwas Ernstes wird.
**Denn:** Nähe ist etwas, das man sich erst verdienen muss.

**Sagen Sie:** Sollen wir von jetzt an sonntags zusammen joggen gehen?
**Und nicht:** Ich will dich öfter sehen.
**Denn:** Betonen Sie Ihre Gemeinsamkeiten, dann wird er Sie auch häufiger sehen wollen.

»Das erotischste Erlebnis, das ich je hatte, war in einer Bar mit einer Frau, die ich gerade kennengelernt hatte: Sie hakte sich einfach mit zwei Fingern in meiner vorderen Hosentasche ein, während wir uns unterhielten. Mein Gott, ich habe mich gefühlt, als wäre ich wieder in der neunten Klasse.« – R. J., 27

Wir möchten zwar das oberste Ziel erreichen – den Gewinn der nationalen Dating-Meisterschaft (mit Ihnen als Pokal) –, doch wir möchten den Sieg nicht geschenkt bekommen. Wir möchten uns dem Spiel stellen, wir möchten das große Zittern haben, wir möchten eine gewisse Unsicherheit spüren, wir möchten ins Finale kommen. Aber wir möchten den Meisterschaftspokal der Liebe erst dann überreicht bekommen, wenn wir ihn auch verdient haben.

## Wie kann ich mein Interesse zeigen, ohne aufdringlich zu wirken?

»Die Männer in meinem Freundeskreis beklagen sich ständig darüber, dass Frauen offensiver sein sollten, aber wenn eine Frau tatsächlich in die Offensive geht, wird sie von ihnen sofort als ›aufdringlich‹ abgestempelt. Wo liegt die goldene Mitte zwischen *Verhängnisvolle Affäre* und zu distanziertem Verhalten?«

Männer funktionieren oft ähnlich schlecht wie ein Handy in einem abgelegenen Tal – sie haben Probleme, Signale zu empfangen. Das liegt höchstwahrscheinlich daran, dass diese Signale nicht besonders deutlich sind. Frauen sind stärker verbal orientiert als Männer, und oft kommt die Subtilität Ihrer Worte nicht bei uns an. Es ist zwar allgemein bekannt, dass Männer visuelle Wesen sind, doch wir sind ebenso empfänglich für Körperkontakt. Der Schlüssel zum Erfolg lautet: Benutzen Sie Ihre Hände und Finger.

»Ich möchte mich nicht über die Beziehung unterhalten, wenn man sich gerade erst kennengelernt hat, aber es interessiert mich schon, ob eine Frau mich als potenziellen Freund betrachtet oder ob sie eher einen Kumpel in mir sieht«, sagt Dane, 31. »Die Frau, mit der ich jetzt zusammen bin, hat am

**Was es zu bedeuten hat, wenn …**

***… er beim ersten Date nicht versucht, Sie zu küssen:***
Er möchte zwar eigentlich nicht warten, weil er wirklich auf Sie steht, doch er vermutet, dass Ihre Gefühle für ihn zunehmen werden, wenn er sich beherrscht. Kein Kuss kann ebenso ein Zeichen für Zuneigung sein wie ein Kuss.

***… er Ihnen ohne Anlass Blumen schickt (vor der Hochzeit):***
Schatz, ich bin froh, dass es dich gibt. Und ich bin geil.

***… er Ihnen ohne Anlass Blumen schickt (nach der Hochzeit):***
Schatz, ich bin froh, dass es dich gibt. Und ich bin richtig geil.

Anfang oft Körperkontakt zu mir gesucht, und das fand ich toll. Sie hat das nicht auf eine unverblümt sexuelle Art und Weise getan, sondern mir einfach nur die Hand auf die Schulter gelegt, meinen Arm gestreichelt oder mich an den Hüften angefasst, wenn wir uns geküsst haben. Ich habe gemerkt, dass das nicht nur mechanisch war.«

## Wie sage ich ihm, dass ich ihn mag, ohne ihn abzuschrecken?

»Ich habe einen Mann kennengelernt, mit dem ich bereits fünf Dates hatte. Es war jedes Mal richtig nett: Wir haben gelacht, viel Spaß gehabt, und wir scheinen uns blendend zu verstehen. Jetzt sind wir an diesem schwierigen Punkt angelangt – zumindest für mich schwierig –, an dem ich ihm gerne sagen würde, dass ich ihn mag und dass er mir langsam ans Herz wächst. Ich habe allerdings schlechte Erfahrungen bei anderen Männern gemacht, denen ich gesagt habe, wie ich empfinde. Das hat sie abgeschreckt, und von da an ist alles den Bach runtergegangen. Irgendwelche Vorschläge, wie ich einem Mann am besten sagen oder zeigen kann, wie sehr ich ihn mag, ohne dass er es gleich mit der Angst zu tun bekommt und denkt, ich möchte ihn morgen heiraten?«

Sie müssen kurzfristig denken, um Langfristigkeit zu kommunizieren. »Als ich meine heutige Frau kennengelernt habe, war es ziemlich schnell klar, dass wir uns ineinander verliebt hatten, aber keiner von uns wollte darüber sprechen«, sagt Dylan, 39. »Wirklich klasse fand ich, dass sie mir ungefähr einen Monat, nachdem wir uns kennengelernt hatten, von ihren Plänen erzählt hat, sechs Wochen später übers Wochenende Skilaufen zu gehen, und wissen wollte, ob ich mitfahren möchte. Ich habe damals sofort zugesagt und mir nicht viel dabei gedacht, aber rückblickend betrachtet war das unglaublich clever von ihr – es war der perfekte Weg, um mir zu verstehen zu geben, dass sie sich eine Zukunft für uns beide wünscht, ohne so etwas Lästiges sagen zu müssen wie: ›Sind wir jetzt ein Paar oder nicht?‹«

## Warum kommen die meisten Männer beim ersten Date wie Idioten rüber?

»Was ist mit Männern beim ersten Date nur los? Entweder gerate ich an Typen, die zu viel über sich reden, oder an solche, die meinen, sie könnten mich beeindrucken, indem sie besonders romantisch und einfühlsam sind. Der letzte Mann, mit dem ich ein Date hatte, wollte gar nicht mehr aufhören, von seinem Job zu erzählen, was er aus seinem Leben machen möchte und was für tolle Reisen er schon unternommen hat. Ich hatte den Eindruck, er wollte nur sichergehen, dass ich merke, wie viel Geld er hat. Warum hat er sich so angestrengt, um mich von sich zu überzeugen?«

Das erste Date ist wie ein Bewerbungsgespräch. Er weiß sehr wohl, dass er keine Chance auf eine langfristige Anstellung in seinem potenziellen Traumjob bekommen wird, wenn er nicht Vollgas gibt. Leider überreagieren viele Männer, weil sie denken, sie müssten übertreiben und ihr Gegenüber mit protzigen Lebensläufen und Portfolios beeindrucken, anstatt einfach zu entspannen und ihre Persönlichkeit für sich selbst sprechen zu lassen. Es stimmt allerdings, dass wir uns in dieser Situation besonders unwohl fühlen. Jon, 27, sagt: »Ich hasse erste Dates. Ich möchte, dass sie weiß, wer ich bin, aber wenn ich zu viel über mich rede, törnt sie das ab, und wenn ich zu wenig sage, habe ich Angst, dass sie mich langweilig findet.«

Viele Männer gehen viel zu weit, wollen Ihnen jedoch nur genügend Informationen geben, damit Sie sie zu einem zweiten Interview einladen.

## Was Frauen nach Ansicht von Männern über die Liebe wissen sollten

»Die Liebe ist etwas Großartiges, und Männer spüren sie genauso wie Frauen. Uns ist es nur manchmal peinlich, das zuzugeben.« – Garrett, 27

»Die Liebe regiert zwar nicht die Welt, aber sie regiert uns.« – Alex, 39

»Für die meisten von uns ist die Liebe verwirrend. Wir wissen zwar, ob wir lieben oder nicht, aber da die meisten von uns noch kleine Jungs sind, finden wir es irgendwie seltsam und unangenehm, ›Ich liebe dich‹ zu sagen.« – Rod, 26

»Das Leben ist keine Seifenoper.« – Brian, 25

»Wenn ich nicht am Ende jedes Telefongesprächs ›Ich liebe dich‹ sage, heißt das noch lange nicht, dass ich es nicht empfinde.« – Bruce, 36

»Männer sind sensibler, als Sie denken. Aber strengen Sie sich nicht zu sehr an, uns diese Eigenschaft zu entlocken.« – Brady, 35

»Manchmal drücken sich Männer nicht mit Worten, sondern durch ihr Handeln aus.« – Chang, 34

»Auch wir mögen Geschenke und Rückenmassagen.« – Shaun, 29

»Bei der Liebe geht es um Momente.« – Tim, 34

»Über Liebe muss nicht gesprochen werden, damit sie da ist.« – Dom, 38

»Je früher Ihnen ein Mann sagt, dass er Sie liebt, desto eher wird er sich in eine andere verlieben.« – Trent, 29

»Es ist nichts dagegen einzuwenden, den ganzen Tag nackt zu sein.« – Michael, 24

»Männer wünschen sich in einer Beziehung mehr als Sex. Wir möchten dafür geliebt werden, wer wir sind. Der alte Spruch, dass Männer im Gegenzug für Sex lieben, ist völliger Quatsch. Männer, die behaupten, sie würden nur Sex wollen, sind unsicher und haben noch nicht zu sich selbst gefunden.« – Lee, 33

## Männlichkeit gemeistert:

***Was Sie jetzt über Männer wissen***

- Gewinnen Sie ihn mit sanften Berührungen und noch sanfteren Worten für sich.
- Es ist ein Unterschied, ob man Spielchen spielt oder ob man *das* Spiel spielt. Wir lieben den Nervenkitzel, die Jagd und die Ungewissheit, ob wir die Frau finden, die uns schneller schmelzen lässt als Käse auf einer Herdplatte.
- Provozieren Sie uns. Bitte.

## Was Sie heute Abend sagen sollten!

Das Heißeste, was Mason, 35, jemals von einer Frau gesagt bekommen hat:

»Nein, sorge ich dafür, dass du dich wohl fühlst?« (Als Antwort auf die Frage: »Fühlst du dich unwohl?«)

Das Heißeste, was Laura, 32, jemals zu einem Mann gesagt hat:

»Du passt mir perfekt.«

# 15. Warum müssen Männer allein sein?

*Ob Sie es glauben oder nicht: weil es sie zu besseren Liebhabern macht. Hier erfahren Sie, was wirklich passiert, wenn man Männer sich selbst überlässt – und warum das Ihrer Beziehung guttut*

**Männer, an wen wendet ihr euch, wenn ihr Beziehungsratschläge braucht?**

| | |
|---|---|
| *An den besten Freund:* | 17 Prozent |
| *An einen Freund:* | 15 Prozent |
| *An eine Freundin:* | 14 Prozent |
| *An die Mutter oder den Vater:* | 10 Prozent |
| *An den Bruder:* | 3 Prozent |

Doug, 27, Grafikdesigner aus Kalifornien, ist seit acht Monaten mit seiner Freundin zusammen. In der Regel verbringen die beiden drei bis vier Nächte unter der Woche und das ganze Wochenende miteinander. Alle 14 Tage möchte Doug mit seinen vier oder fünf besten Freunden weggehen, die er seit dem College kennt. »Wir gehen nur in irgendeine Bar, sehen uns ein Spiel an und hängen rum, aber meine Freundin hat panische Angst davor, dass ich mit anderen Frauen Zeit verbringen oder flirten könnte. Deshalb macht sie jedes Mal ein Riesentheater, wenn ich ihr sage, dass ich mit meinen Freunden weggehen will«, sagt er. »Das geht mir langsam ziemlich auf die Nerven.«

Dougs Freundin begreift nicht, dass es der Beziehung nicht schadet, sondern sie spannender macht, wenn er etwas mit seinen Freunden unternimmt. Sie sitzen vielleicht mit Ihren Freundinnen bei Milchkaffee und *Grey's Anatomy* zusammen, wir dagegen sitzen bei Bier und Sportübertragungen zusammen.

»Vor ein paar Jahren hatten Freunde von mir und ich die Idee, dass wir zusammen einen Golf-Urlaub machen könnten – nur wir vier, mit Golfspielen, Zigarillos, Bier und Steak zum Abendessen«, erzählt Jack, 36, Personalberater aus Ohio. »Der Grund dafür war nicht, dass ich unzufrieden in meiner Ehe war. Ich wollte nur ein paar Tage damit verbringen, das zu tun, was Männer eben so tun. Also habe ich den Urlaub geplant. Wir fuhren nach Myrtle Beach, spielten Golf, tranken ein bisschen was und hatten eine Menge Spaß. Aber wissen Sie was? Ein paar Wochen nach meiner Rückkehr erwähnte meine Frau, dass ich ihr gegenüber aufmerksamer sei und glücklicher wirke. Mir selbst war das überhaupt nicht bewusst gewesen, doch ich nehme an, es lag zum Teil daran, dass sie überhaupt nicht gemeckert hatte, weil ich einen Männerurlaub machen wollte. Außerdem habe ich sie vermisst, während ich unterwegs war. Die ganze Sache hat mich richtig verjüngt.«

Eine Verjüngungskur für die Beziehung muss nicht unbedingt in Form eines Männerurlaubs in Brasilien oder einer Golfreise nach Irland stattfinden (obwohl sich beides durchaus dafür eignet). Wir Männer brauchen einfach etwas Zeit fernab vom Alltag – und die uneingeschränkte Freiheit, spielen, trinken, lachen, flirten und aus unserer Routine ausbrechen zu können. Männerzeit – ob es sich um ein Wochenende, einen Abend oder nur ein paar Stunden für ein Fußballspiel handelt – ist unsere Methode, um uns in dem Leben zu verschanzen, das wir hatten, bevor wir Sie kennengelernt haben. Das soll nicht heißen, dass unser früheres Leben besser war als das jetzige. Es bedeutet nur, dass wir die Stalltür hin und wieder schließen müssen.

**Was es zu bedeuten hat, wenn …**

***… er Ihnen eröffnet, dass er mit seinen Freunden übers Wochenende wegfahren möchte:***
Es spielt keine Rolle, ob Golf, Angeln oder Radfahren der Hintergrund ist – er muss sein Studentendasein ab und zu wieder aufleben lassen.

***… er sagt, dass er bis Mitternacht wieder zu Hause ist, und erst um vier heimkommt:***
Er möchte verhindern, dass Sie denken, er könnte sich ohne Sie amüsieren. Selbstverständlich wird er es aber doch tun.

***… er Flötensolos spielt, obwohl er regelmäßig Sex bekommt:***
Männer brauchen häufige Ölwechsel. In manchen Wochen öfter als in anderen. Nichts für ungut.

»Jeder Mann braucht ein bisschen Freiraum und damit Zeit für sich mit seinen Freunden ohne seine Partnerin. Das heißt nicht, dass er sie nicht liebt, aber es ist einfach nicht gesund, die ganze Zeit mit ihr zusammen zu sein.« – Keith, 38

»Frauen begreifen einfach nicht, dass man auch einmal allein sein muss. Sie sollten verstehen, dass es gesund ist, wenn man ab und zu mit seinen Freunden einen trinken geht.« – Jonathan, 23

»Ich glaube nicht, dass Frauen Männerzeit als Möglichkeit für uns betrachten, Dampf abzulassen. Sie sehen darin nur, dass ihr Partner sich losreißt, und der Gedanke, er könnte die Zeit mit seinen Freunden so sehr genießen, dass er nicht mehr in die Beziehung zurückkehrt, macht sie nervös.« – Eddie, 34

Die sicherste Methode, um einen Mann aus einer Beziehung zu vertreiben, ist die, ihn mit allen Mitteln festzuhalten. Der logische Umkehrschluss lautet also, dass Sie ihm genügend Auslauf geben sollten, um ihn dauerhaft zu halten.

## Warum spielt mein Mann lieber Golf, als dass er den Vormittag mit mir im Bett verbringt?

»Was hat es mit Golf auf sich? Was ist der Reiz daran? Und worüber unterhält man sich anschließend fünf Stunden lang?«

Wissen Sie, worüber Männer beim Golfen sprechen? Über Sie! Nein, Spaß beiseite. Männer sprechen auf dem Golfplatz über drei Dinge: über den besten Schlag, den sie je gemacht haben, über den besten Schlag, den sie beinahe gemacht hätten, und über den besten Schlag, den sie bald machen werden. »Wir müssen einige Zeit mit anderen Männern verbringen, und da wir von Natur aus Kampfgeist besitzen, brauchen wir irgendein Ventil dafür«, sagt Seth, 30. Nehmen Sie zum Beispiel Garry, 39, der ein Mal im Monat Golf spielt. »Ich spiele immer mit denselben drei Freunden, und wir unterhalten uns dabei in erster Linie über Golf oder Sport im Allgemeinen«, sagt er.

### Sagen Sie dies, nicht das!

**Sagen Sie:** Tu, was du nicht lassen kannst.
**Und nicht:** Warum verschwendest du mit diesem Mist deine Zeit?
**Denn:** Liebe heißt, die seltsamen Leidenschaften des anderen mit Humor zu nehmen.

**Sagen Sie:** Das würde ich gern mal mit dir zusammen machen.
**Und nicht:** Darf ich mitkommen?
**Denn:** Wenn er gerne hätte, dass Sie dieses Mal mitkommen, hätte er Sie gefragt.

**Sagen Sie:** Es würde mir viel bedeuten, wenn du mitkommen würdest.
**Und nicht:** Möchtest du mitkommen?
**Denn:** Er möchte zwar nicht, wird es aber tun, wenn er weiß, dass es Ihnen wichtig ist.

»Wenn einer von uns zu Hause ein Problem hat und es anspricht, lachen wir darüber, und dann reden wir wieder über Golf. Der Golfplatz ist ein sicherer Ort, wenn einer von uns seine Probleme loswerden möchte. Hier kann man sie abladen und für eine Weile vergessen.«

## Warum darf ich nicht mitkommen, wenn er mit seinen Freunden ausgeht?

»Mein Mann hat in ein paar Wochen ein Treffen mit seinen ehemaligen Studienkollegen, und er hat schon angedeutet, dass er alleine hingehen möchte. Ich kenne seine Freunde vom College, alles anständige Typen, die in festen Beziehungen leben oder verheiratet sind, deshalb glaube ich auch nicht, dass sie irgendetwas total Bescheuertes tun werden. Trotzdem hat das Ganze etwas von einem Junggesellenabschied, wenn man bedenkt, dass ich nicht eingeladen bin. Da er mich bisher immer in alles eingebunden hat, kommt mir das komisch vor. Sollte ich mir Sorgen darüber machen, was er vorhat? Ich möchte nicht, dass er irgendetwas tut, was unsere Beziehung ruinieren könnte.«

Für viele Männer war das College eine Oase in einer Wüste der Langeweile – es war die Zeit, in der sie Bier und Frauen entdeckten und feststellten, dass sie nachts um drei Fußballspielen und bis Mittag schlafen konnten. Alles in allem eine gute Zeit. Ihr Mann schließt Sie nicht aus, sondern möchte sich vielmehr in die Vergangenheit zurückversetzen. »Männer müssen sich manchmal einfach wie Männer verhalten, Männersachen tun und unter anderen Männern sein«, erklärt Rusty, 30. »Dass wir nicht alles mit unserer Partnerin unternehmen möchten, heißt nicht, dass wir nicht mit ihr zusammen sein möchten. Wir haben eben bestimmte Bedürfnisse, die sie nicht erfüllen kann.«

## Was genau macht er, wenn er mit seinen Freunden unterwegs ist?

»Okay, das mag jetzt seltsam klingen: Mein Freund und ich haben die Abmachung, dass alle zwei Wochen Frauen- und Männerabend ist: Ich gehe mit meinen Freundinnen weg, er mit seinen Freunden. Vor ein paar Wochen sind meine Freundinnen und ich zufällig in derselben Bar gelandet wie er und seine Freunde, und zu meinem Erstaunen haben sich die fünf Männer mit zwei oder drei wirklich gut aussehenden Frauen unterhalten. Als ich zu meinem Freund hinüberging, hat er sehr gelassen reagiert – er vermittelte nicht den Eindruck, als hätte er irgendetwas zu verbergen. Trotzdem mache ich mir seit diesem Erlebnis Gedanken, was sonst so alles passiert. Unter ›Männerabenden‹ habe ich mir bislang etwas anderes vorgestellt. Ich dachte immer, es drehe sich alles um Bier und Sport, um

**MYSTERIUM MANN**

**64 Prozent der befragten Männer sind froh darüber, Zeit für sich selbst zu haben, wenn ihre Frau oder Freundin andere Pläne hat.**

typische Männersachen eben. Mir war nicht klar, dass es dabei um Anbaggern geht. Ich bin mir nicht sicher, ob ich an Bord bleibe, wenn das so abläuft.«

Rodney, 34, ist seit fünf Jahren verheiratet, sein bester Freund seit zwölf Jahren. Ein Mal im Monat gehen die beiden miteinander essen und anschließend etwas trinken. »Meistens treiben wir uns in richtig angesagten Bars herum. Dort sind zwar alle fünf bis sechs Jahre jünger als wir, aber das ist nicht weiter schlimm«, sagt er. »Ich bin leicht gehemmt, wenn ich mich mit Fremden unterhalte, mein Freund dagegen ist wirklich gut darin, Smalltalk zu machen, Frauen dazu zu überreden, uns Gesellschaft zu leisten, und für gute Stimmung zu sorgen. Aber es passiert nichts – wir amüsieren uns bloß.« Wenn Männer in der Gruppe unterwegs sind, ist es nur natürlich, dass sie Frauen kennenlernen und sich mit ihnen unterhalten. In solchen Situationen nehmen manche Männer das Ruder in die Hand, andere agieren als Komplizen, einige stehen nur dabei und sehen zu, und wieder andere möchten nichts mit irgendwelchen Beziehungsverbrechen zu tun haben, die womöglich begangen werden. Dabei sollten Sie Folgendes nicht vergessen: Wenn er mit seinen Freunden ausgeht, heißt das noch lange nicht, dass er vorhat, Sie zu betrügen. Wer er ist, hat immer mehr Gewicht, als mit wem er unterwegs ist.

**MYSTERIUM MANN**

**50 Prozent der befragten Männer betrachten den Besuch eines Strip-Clubs als Untreue.**

## Männlichkeit gemeistert:

### *Was Sie jetzt über Männer wissen*

- Die Gesellschaft unserer Freunde gibt uns mehr als nur Spaß, Sportgespräche und obligatorische zweite Blicke, wenn eine attraktive Frau vorbeigeht. Männerzeit gibt uns eine Verschnaufpause von unserer Beziehung – und das macht uns zu besseren Partnern.
- Der Versuch, unsere Freunde beim Fußball, Golf, Basketball, Billard, Darts, Kartenspielen oder irgendeinem anderen Wettbewerb zu schlagen, befriedigt ein Bedürfnis, das Sie niemals befriedigen könnten.
- Das Leben mit 21 war gut. Nicht besser, aber gut. Manchmal wären Männer gerne noch einmal 21, auch wenn sie bereits 41 sind.

### Frau fragt sich

»Obwohl wir mindestens drei bis vier Mal in der Woche Sex haben, klopft er vor seinen Freunden klischeehafte Sprüche, dass er nicht genug bekommt. Warum tut er das?«

Keine Ahnung. Wenn er solche Kommentare abgibt (noch dazu in Ihrer Gegenwart!), kann er sich sicher sein, dass sich die Situation nicht verbessern wird.

## Was Sie heute Abend sagen sollten!

Das Heißeste, was Carlos, 28, jemals von einer Frau gesagt bekommen hat:

»Noch mal.«

Das Heißeste, was Kristin, 31, jemals zu einem Mann gesagt hat:

»Ich will, dass du dich aufs Bett legst und mit dir machen lässt, was ich will.«

# 16. Was hält er wirklich von Ihrer Figur?

*Der Mann in Ihrem Leben würde Ihnen das niemals ins Gesicht sagen, die Männer in diesem Buch dagegen haben weniger Skrupel …*

**Männer, wie oft träumt ihr von anderen Frauen, wenn ihr eine Beziehung habt?**

| | |
|---|---|
| *Täglich:* | 13 Prozent |
| *Jede Woche:* | 10 Prozent |
| *Jeden Monat:* | 4 Prozent |
| *Hin und wieder:* | 53 Prozent |
| *Nie:* | 20 Prozent |

Vor zwei Jahren wollte Patrick, 32, Polizist aus Colorado, abends mit seiner Frau Lori ausgehen. Lori zog sich an und machte dabei eine Bemerkung darüber, wie erschreckend sie es finde, dass ihr einige Hosen nicht mehr richtig passten. »Dann hat sie sich lang und breit darüber ausgelassen, wie frustrierend es sei, dass sie seit unserer Hochzeit fast zehn Kilo zugenommen hat und es nicht schaffe abzunehmen. Am Ende hat sie sich sogar als ›fette Ehefrau‹ bezeichnet«, erzählt Patrick. »Wie soll man darauf reagieren? Ich konnte ihr doch unmöglich sagen, dass ich ein Problem mit ihrem Gewicht habe.«

Also hat Patrick so darauf reagiert, wie seine Frau es von ihm erwartete: mit einer gleichmäßigen Flut von Antworten, die ihr versicherten, dass solche oberflächlichen Beurteilungen keinen Platz in ihrer Ehe hätten. »Natürlich wäre es mir lieber, wenn sie noch das Gewicht hätte, das sie bei unserer Hochzeit hatte, aber ich habe ihr gesagt, das ich sie liebe, dass ich sie nach wie vor sexy finde und dass es mir egal ist. Eigentlich stimmt das auch, vielleicht war es aber ein bisschen beschönigend formuliert«, sagt er.

Die Wahrheit: Es ist uns nicht egal.

»Glauben Sie einem Mann nicht, wenn er behauptet, es sei ihm egal, wie eine Frau aussieht und ob sie fünf Kilo zugenommen hat«, sagt Trent, 35. »Manche Männer möchten nett sein und eine Frau nicht verletzen, aber eine tolle Figur hat für uns alle einen extrem hohen Stellenwert. Jeder Mann nimmt eine tolle Figur zur Kenntnis und weiß sie sehr zu schätzen.«

Vielleicht ist es uns aber doch nicht so wichtig, wie Sie denken – oder aus anderen Gründen, als Sie denken. Lassen Sie uns daher mal einen Blick auf die Fakten werfen: Ein Drittel aller Männer behaupten, sie würden beim Sex insgeheim die Figur ihrer Partnerin kritisieren, und ebenfalls jeder dritte Mann gibt an, nicht mit dem derzeitigen Gewicht seiner Partnerin einverstanden zu sein. Dahinter steckt allerdings mehr als nur die Tatsache, dass manche Männer Frauen den unfairen Vorwurf machen, an einigen Stellen zu kurvig und an anderen zu flach zu sein. Ihre Figur ist uns wichtig, weil uns eine gute Figur stärker erregt. (Wie wäre es damit als schlichte Wahrheit über Testosteron?) Es gibt jedoch noch einen anderen

Grund – und der hat eher etwas damit zu tun, was Sie mit ihrem Körper tun, und weniger damit, was wir damit tun. Je wohler Sie sich in Ihrem Körper fühlen, desto mehr werden Sie nämlich mit unserem anstellen.

»Nachdem meine Frau eine Diät gemacht und endlich ihr Wunschgewicht erreicht hatte, verlor sie viele Hemmungen in Bezug auf ihren Körper. An dem Tag, als sie ihr Ziel erreichte, wartete sie im kleinen Schwarzen auf mich und hatte im ganzen Haus Kerzen aufgestellt. Nachdem ich zur Tür

**Sagen Sie dies, nicht das!**

**Sagen Sie:** Wie sehe ich aus?
**Und nicht:** Findest du, dass ich dick aussehe?
**Denn:** Er wird nicht finden, dass Sie dick aussehen, solange Sie es nicht erwähnen.

**Sagen Sie:** Du bist sexy.
**Und nicht:** Findest du mich noch sexy?
**Denn:** Am leichtesten bekommt man die Komplimente, die man hören möchte, indem man sie selbst macht.

**Sagen Sie:** Sex im Dunkeln finde ich animalisch.
**Und nicht:** Schalt bloß nicht das Licht an! Ich will nicht, dass du meine Zellulitis siehst.
**Denn:** Es steigert weder Ihre noch seine Lust, wenn Sie die Aufmerksamkeit darauf lenken, was Sie von Ihrem Körper halten.

hereingekommen war, hatten wir ganz tollen Sex.« – Randall, 39

»Meine Frau ist klasse im Bett. Sie hat eine super Figur und Spaß am Sex. Meine Exfrau hatte zwar auch einen tollen Körper, fühlte sich darin allerdings nicht richtig wohl und war deshalb beim Sex eher passiv. Ich hatte nicht das Gefühl, dass sie viel Spaß dabei hatte, deshalb sind wir auch nicht oft miteinander ins Bett gegangen.« – Jim, 43

»Am allerbesten war es mit einer Frau, die ich auf einer Fahrradtour kennengelernt habe. Sie war genauso fit wie ich und fühlte sich wunderbar an. Keine andere Frau, mit der ich zusammen war, hatte so einen durchtrainierten Körper.« – Joel, 23

**MYSTERIUM MANN**

**43 Prozent der befragten Männer finden es erotischer, wenn eine Frau beim Sex nicht völlig nackt ist, sondern irgendein Kleidungsstück trägt (die Top 3: Body, halterlose Strümpfe, Highheels; *MH*).**

Gefällt uns Ihr Körper aus eigenen genießerischen Motiven? Selbstverständlich. Aber die Art und Weise, wie Sie ihn einsetzen, ist uns genauso wichtig wie die Art und Weise, wie Sie ihn zur Schau stellen. Tatsache ist, dass wir größeres physisches Vergnügen empfinden, wenn Ihr Körper in Topform ist. Noch dazu, wenn Ihre Meinung über Ihren Körper noch besser ist.

## Warum möchten Männer, dass beim Sex das Licht an bleibt?

»Ich bin schüchtern im Bett. Tut mir leid. Mir ist klar, dass mein Mann vermutlich frustriert ist, aber ich mag es einfach nicht, wenn das Licht an ist, und ich bin nicht gerne nackt. Meine Figur ist gar nicht so schlecht, nur meinen Hintern finde ich etwas zu dick. Warum möchte er beim Sex unbedingt etwas sehen?«

**MYSTERIUM MANN**

**58 Prozent der befragten Männer behaupten, die Intelligenz einer Frau sei attraktiver als eine tolle Figur.**

»Männer törnt es an, wie eine Frau aussieht. Dadurch kommt unser Motor auf Touren«, sagt Harry, 29. Nur missverstehen Sie unsere Liebe, Wertschätzung und Leidenschaft für Ihren Körper nicht als Botschaft, dass unsere Augen der primäre Kanal sind, über den wir Vergnügen empfangen. Kein Licht? Gut. Möchten Sie irgendwelche Kleidungsstücke tragen? Okay. Sollen wir bestimmte Stellen Ihres Körpers ignorieren, für die Sie sich schämen? Sie brauchen es nur zu sagen. Wenn es um Sex geht, ist Ihr Wohlbefinden unser Spaß. »Ich hätte so gern, dass meine Freundin sich auch mal auf mich setzt, wogegen sie sich sträubt, weil sie denkt, ihr Bauch sei zu dick«, sagt Derek, 27. »Mir wäre es viel lieber, sie wäre in sexueller Hinsicht etwas experimentierfreudiger, als wenn sie den besten Körper der Welt hätte und einfach nur daliegen würde.« Mit anderen Worten: Falls Sie bestimmte Wünsche haben, damit Sie sich wohl fühlen, ist das in

Ordnung. Lassen Sie sich nicht abhalten, und fühlen Sie sich wohl – aber lassen Sie uns daran teilhaben!

## Warum hilft er mir nicht beim Abnehmen?

»Ich habe vor meinem Mann offen zugegeben, dass ich mit meiner Figur nicht zufrieden bin – dass ich gerne abnehmen möchte, dass ich gerne mein überschüssiges Gewicht nach der Schwangerschaft loswerden möchte, dass ich mich gerne gesünder ernähren möchte und so weiter. Er ist allerdings keine große Hilfe. Er will nicht darüber sprechen, er will nicht mit

### Was es zu bedeuten hat, wenn …

***… er die komplette Story von Beverly Hills 90210, Real World und O.C., California kennt:***
Das ist eine (gerade noch) akzeptable Methode, um einen Blick auf Schnecken im Bikini zu erhaschen, die viel zu jung für ihn sind.

***… er beim Sex das Licht ausschaltet:***
Das tut er nicht, um Ihren Körper nicht sehen zu müssen! Er fühlt sich bei greller Beleuchtung einfach genauso unwohl wie Sie. Bestes Szenario: Dimmer, indirekte Beleuchtung.

***… er sagt, dass ihm Ihr neuer Haarschnitt gefällt:***
Länger hat ihm besser gefallen.

mir ins Fitnessstudio gehen (obwohl auch ihm ein paar Kilo weniger nicht schaden würden), er versucht nicht einmal, mich zu ermutigen. Ich bin mir sicher, dass es ihm gefiele, wenn ich meine Konfektionsgröße verringern könnte. Warum unterstützt er mich nicht mehr?«

Weil mit Ihnen über Ihr Gewicht zu sprechen ungefähr dasselbe ist, als würde er in einem Anzug aus Koteletts durch ein Löwengehege marschieren. »Als meine Frau vor kurzem eine Diät gemacht hat, habe ich anfangs versucht, sie zu ermutigen und ihr zu helfen, indem ich ihr erzählt habe, was ich über Ernährung und Bewegung gelesen habe«, sagt Louis, 44. »Nach einer Weile kam ich mir eher wie ihr Trainer als wie ihr Ehemann vor und hatte das Gefühl, sie herablassend zu behandeln. Mach das, tu jenes! Sie hat nie gesagt, dass es sie stört, aber ich hatte bald große Probleme, darüber zu sprechen.«

Ich vermute, Ihr Mann geht auf Nummer sicher, weil er verhindern möchte, dass Sie denken, er sei unzufrieden mit Ihrer Figur und lenke daher die Aufmerksamkeit darauf oder liebe Sie weniger, weil Sie übergewichtig sind. Meiner Ansicht nach liegt das nicht daran, dass er Ihnen nicht geben möchte, was Sie sich wünschen. Er hat vielmehr Angst, Sie könnten einen Wunsch äußern, der gar nicht Ihr Wunsch ist.

## Wie stehen Männer zu Schönheitsoperationen?

»Ich bin 39 Jahre alt, und offen gestanden befindet sich bei mir nicht mehr alles dort, wo es sich befinden sollte. Ich habe kein Übergewicht, möchte aber gerne ein paar Korrekturen vornehmen. Das habe ich meinem Mann gegenüber erwähnt, weil ich dachte, es sei ganz in seinem Sinn. Aber ihn hat es überhaupt nicht interessiert, und er hat sogar gesagt, dass er es für hinausgeworfenes Geld hält. Ich bin froh, dass er an meiner Figur nichts auszusetzen hat, nur warum möchte er mich nicht unterstützen, wo er doch weiß, dass ich mich anschließend wohler in meinem Körper fühlen würde?«

Wie Sie wissen, können Männer fürsorglicher sein als eine Glucke. Selbstverständlich würde er von Ihren Verschönerungsmaßnahmen profitieren, er weiß aber, dass Hunderte anderer Männer, die Sie täglich zu Gesicht bekommen, ebenfalls davon profitieren würden. »Meine Frau hat sich nach ihrer Schönheits-OP zweifellos besser gefühlt, aber ich würde sagen, dass sie jetzt mit ihrem Aussehen fast schon kokettiert. Sie stolziert umher und hat eine ganz andere Haltung«, sagt Joseph, 37, dessen Frau sich die Brüste vergrößern und am Bauch Fett absaugen ließ. »Die Operationen haben nicht nur ihren Körper verändert, sondern auch ihr Wesen.« Den meisten Männern ist es lieber, wenn ihre Partnerinnen gut aussehen und sich gut fühlen. Veränderungen dagegen sind ihnen unheimlich, auch wenn es sich um Veränderungen zum Besseren handelt.

## Männlichkeit gemeistert:

***Was Sie jetzt über Männer wissen***

- Ihr Körper ist Gefühlssache: Wie Sie sich darin fühlen und wie oft wir ihn fühlen dürfen.
- Nur wenige Dinge im Leben bereiten uns mehr Vergnügen, als Ihren Körper zu sehen, zu berühren und mit ihm zu verschmelzen.
- Wenn Sie eine ehrliche Antwort hören möchten, wie Ihr Körper aussieht, sollten Sie zu einem Fitnesstrainer, zum Arzt oder in eine Reality-Show gehen. Wir haben zwar auch eine Meinung dazu, doch der Tag, an dem wir irgendetwas anderes als »toll« sagen, ist der Tag, an dem wir von Demenz heimgesucht werden.

### Frau fragt sich

»Warum fällt ihm nie auf, wenn ich einen neuen Haarschnitt oder eine neue Haarfarbe habe? Sieht er mich denn überhaupt nicht an?«

Das liegt nicht daran, dass es ihm nicht auffällt. Es liegt daran, dass Sie ihm nur viereinhalb Sekunden Zeit lassen, um zu sagen, dass es ihm aufgefallen ist, bevor Sie ihn fragen, warum es ihm nicht aufgefallen ist, und sich dann bei Ihren Freundinnen beklagen, dass es ihm nicht aufgefallen ist. Lassen Sie ihm etwas Zeit, dann wird er Ihnen schon das Kompliment machen, das Sie verdienen.

## Was Sie heute Abend sagen sollten!

Das Heißeste, was Bobby, 24, jemals von einer Frau gesagt bekommen hat:

»Du bist aber ein großer Junge.«

Das Heißeste, was Suzy, 33, jemals zu einem Mann gesagt hat:

»Alles, was ich anhabe, ist mein Radio.«

## 17. Warum arbeiten Männer so viel?

*Männer arbeiten so viel, weil sie schreckliche Angst davor haben, nicht zu arbeiten. Hier erfahren Sie, mit welchen sanften Worten Sie jeden Workaholic in einen zufriedenen Stubenhocker verwandeln können.*

**Männer, welches der folgenden Erfolgserlebnisse würde euch am meisten bedeuten?**

| | |
|---|---|
| *Eine 50-prozentige Gehaltserhöhung zu bekommen:* | 35 Prozent |
| *Auf einen Schlag zehn Kilo abzunehmen:* | 29 Prozent |
| *Weniger arbeiten zu müssen und mehr Zeit für die Familie zu haben:* | 17 Prozent |
| *Keines davon:* | 11 Prozent |
| *Ein Date mit einer Prominenten/ einem Supermodel:* | 8 Prozent |

Ich weiß, dass es manchmal den Anschein hat, als dürfe unser Job auf dem Beifahrersitz Platz nehmen, während Sie mit der Rückbank vorliebnehmen müssen. Wir widmen unserem Job unsere ganze Zeit, Aufmerksamkeit und Energie, und Sie fragen sich, warum wir nicht wenigstens einen Teil dieser karriereorientierten Anstrengungen in Sie investieren können.

»Meine Freundin hat die Schnauze ziemlich voll von mir«, sagt Byron, 34. Er ist in einem Unternehmen beschäftigt, das medizinische Geräte entwickelt. »Ich arbeite unter der Woche immer ziemlich lange, gehe auch samstags für ein paar Stunden ins Büro, und an Sonntagen arbeite ich in der Regel auch ein bisschen. Wir hatten deshalb einen heftigen Streit – warum die Arbeit immer vorgeht, dass ich nie genug von der Arbeit bekomme, und dass ich mir überhaupt keine Zeit mehr für sie nehme. Ich habe versucht, ihr zu erklären, dass ich keine andere Wahl habe. Wenn ich meinem Boss sage, dass mir die Arbeit zu viel wird, oder sie einfach nicht erledige, mache ich einen inkompetenten Eindruck, werde nicht befördert und bekomme keine Prämien mehr. Sie sagt, sie würde mich verstehen, wenn ich meine Überstunden bezahlt bekäme, und argumentiert damit, dass mir zusätzliche Arbeit nichts einbringt – außer noch mehr Arbeit. Und sie hat recht – es geht nicht ums Geld. Ich möchte nicht einfach nur irgendein Pferd im Stall sein, sondern das beste.«

Das beste Pferd im Stall.

Derselbe Urinstinkt, der uns dazu angetrieben hat, Sie für uns zu gewinnen, treibt uns auch dazu an, so viel und so hart zu arbeiten. Tatsächlich ist jeder dritte Mann der Ansicht, dass seine Karriere neben seiner Persönlichkeit das wichtigste Merkmal ist, anhand dessen andere Menschen auf seinen Charakter schließen können. Wir betonen sehr deutlich, was wir tun, um zu zeigen, wer wir sind.

Genau das ist der Grund dafür, weshalb wir arbeiten wie ein Presslufthammer. Nicht hart zu arbeiten, steht überhaupt nicht zur Debatte – das käme persönlichem Versagen gleich, wäre eine Enttäuschung und würde auf einen Schwachpunkt in unserem Wesen hindeuten. Wir kommen damit zurecht, unseren Job zu verlieren, weil wir davon überzeugt sind, einen neuen zu finden. Gar nicht umgehen können wir jedoch damit, mittelmäßig zu sein (und so eingeschätzt zu werden).

Die Frau von Jeremy, 42, stellvertretender Chef einer großen Bekleidungsfirma in New York, ist ebenfalls berufstätig.

## Sagen Sie dies, nicht das!

**Sagen Sie:** Könnten wir in dieser Woche einen Abend ausmachen, an dem wir uns zum Essen treffen?
**Und nicht:** Musst du schon WIEDER länger arbeiten?
**Denn:** Es ist besser, nach dem zu fragen, was man haben möchte, als sich über das zu beklagen, was man nicht bekommt.

**Sagen Sie:** Du arbeitest so hart, da sollten wir heute Abend irgendwas Schönes unternehmen.
**Und nicht:** Du arbeitest zu viel.
**Denn:** Er braucht Ihre Unterstützung. Ohne die ist nichts schön.

**Sagen Sie:** Falls du deinen Job tatsächlich verlieren solltest, wirst du sicher einen besseren finden.
**Und nicht:** Falls du deinen Job tatsächlich verlieren solltest, werden wir schon irgendwie zurechtkommen.
**Denn:** Ihr Vertrauen schürt sein Vertrauen.

Dennoch hat sie es satt, dass er die ganze Zeit arbeitet – und dass er den Stress aus dem Büro auch noch mit nach Hause nimmt.

»Völlig den Rest gegeben hat ihr die Tatsache, dass wir für drei Tage nach Miami fliegen wollten – nur wir beide – und mir am Tag vor unserer Abreise ein neues Projekt für einen Kunden aufgebrummt wurde«, sagt er. »Ich konnte nichts daran ändern, aber meine Frau war der Meinung, ich hätte meinem Chef und dem Kunden sagen sollen, dass ich nicht da sei und mich erst nach meiner Rückkehr darum kümmern könne. Ich habe ihr erklärt, dass wir nur deshalb schöne Reisen unternehmen können und ein schönes Haus haben und so weiter, weil ich so viel arbeite. Schließlich habe ich auf dieser Reise an einem Tag ungefähr drei Stunden und am nächsten sechs Stunden gearbeitet. Ich weiß, dass das ihr gegenüber nicht fair war, doch ich hatte einfach keine andere Wahl.«

Inzwischen hat Jeremy eine Abmachung mit seiner Frau. Die beiden versuchen, jedes Jahr einen 14-tägigen Urlaub sowie mehrere Kurzurlaube fest einzuplanen. Obwohl er bei seinem Job immer auf dem Laufenden sein muss, was in der Firma passiert, hat er zugestimmt, sein Mobiltelefon für eine Woche im Jahr ausgeschaltet zu lassen – egal, was passiert. »Das ist zwar nicht ideal, aber immerhin ein Kompromiss«, sagt er.

Ja, auch wir würden viel lieber am Strand sitzen als an der Tastatur. Ja, auch wir würden gerne den Arbeitsstress ablegen, sobald wir nach Hause kommen. Ja, auch wir würden unsere wöchentliche Arbeitszeit gerne um eine zweistellige Stundenzahl reduzieren. Nur leider kommen uns dabei unser Ego, unser Tatendrang und unser Bedürfnis nach einem tadellosen Ruf in die Quere.

## Warum kann er nicht einen Gang zurückschalten?

»Mein Mann arbeitet ungelogen 80 Stunden in der Woche. Er ist von acht bis acht im Büro, kommt nach Hause, entspannt sich eine Stunde lang und setzt sich dann erneut ein paar Stun-

### Was es zu bedeuten hat, wenn …

***… er mit über 25 noch immer ein Sporttrikot trägt:***
Nennen Sie ihn, wie Sie wollen: Witzfigur, Angeber, Pseudosportler. Er kann alles davon sein, doch Sport nach der Uni-Laufbahn dient als Ventil zum Abbau von Testosteron, von Wettkampfeifer und oft auch von ein bisschen Leidenschaft.

***… er sagt, dass er schon wieder länger arbeiten muss:***
Meistens bedeutet das, dass er vorankommen oder vermeiden möchte, den Anschluss zu verlieren – es bedeutet nicht unbedingt, dass er versucht, Anschluss zu finden.

***… er zu Hause einen Aufräum-Anfall bekommt:***
Er leidet unter einem beruflichen prämenstruellen Syndrom. Putzen, Aufräumen und Entrümpeln helfen ihm, mit Arbeit, Terminfristen und Stress zurechtzukommen.

den an den Computer. Dazu kommen noch einige Stunden am Samstag. Es geht dabei nicht ums Geld – wir verdienen zusammen genug, um gut leben zu können. Ich weiß, dass er Karriere machen und befördert werden möchte, aber warum in aller Welt opfert er einen Teil seiner Freizeit, um noch mehr zu arbeiten? Die Arbeit nimmt kein Ende, also warum lernt er nicht, zurückzuschalten, einen Teil davon an andere zu delegieren oder irgendetwas zu unternehmen, damit sein Job besser zu bewältigen ist?«

**MYSTERIUM MANN**

**8 Prozent der befragten Männer behaupten, dass Geld abgesehen von Persönlichkeit am besten auf den Charakter schließen lässt.**

Für ihn ist es keine Entscheidung zwischen Ihnen und seinem Stapel brauner Umschläge. (Haben Sie schon einmal einen braunen Umschlag in Highheels gesehen?) »Meine Frau ist der Meinung, dass mein Job für mich an erster Stelle steht, weil ich so viel Zeit mit Arbeiten verbringe«, sagt Conner, 30. »Für mich ist das jedoch keine Frage von entweder oder. Ich erwarte von meiner Frau, dass sie Verständnis für den Druck hat, dem ich im Beruf ausgesetzt bin, und finde, sie sollte einsehen, dass ich Erfolg haben und weiterkommen muss, um genug Geld zu verdienen, damit wir ein angenehmes Leben führen können.« Viele Männer können die Arbeit einfach nicht reduzieren, weil sie Angst haben, dass dann auch alles andere zum Stillstand kommt.

## Sollte ich mir Sorgen machen, wenn mein Freund sich nicht auf einen Job festlegen kann?

»Ich bin mit meinem Freund seit vier Jahren zusammen, und in dieser Zeit hat er fünf, nein, sechs verschiedene Jobs gehabt. Er war zwar immer in derselben Branche tätig (er ist Computerspezialist), wechselt seinen Arbeitgeber aber viel häufiger, als es meiner Meinung nach für einen 33-Jährigen normal ist. Gewöhnlich läuft es folgendermaßen ab: Er fängt in einem neuen Job an, von dem er ein paar Monate lang begeistert ist, dann beschwert er sich, dass er ungerecht und herablassend behandelt werde, und kündigt wieder. Ich habe volles Verständnis dafür, dass er sich verändern möchte, doch irgendetwas kommt mir an der Sache komisch vor. Bin ich zu empfindlich?«

**MYSTERIUM MANN**

**63 Prozent der befragten Männer finden es sexy, mit einer Frau zusammen zu sein, die mehr verdient als sie selbst.**

Ich bin nicht sein Psychiater, und ich würde einen Mann niemals dafür verurteilen, dass er alle Gelegenheiten wahrnimmt, um beruflich weiterzukommen. Aber ich bin ebenso wie Sie etwas skeptisch. Ich frage mich, wer tatsächlich unzufrieden ist – Ihr Freund oder die Menschen, für die er arbeitet. Es stimmt zwar, dass manche Männer sich lieber verstecken, während andere auf sich aufmerksam machen, wenn es um Arbeit geht. Da das Ganze jedoch seine Beziehung zu Ihnen beeinträchtigt, sollten Sie versuchen herauszufinden, ob er auf etwas zusteuert oder vor etwas davonläuft.

## Warum kann er nicht genauso viel Energie in unser Zuhause stecken wie in seine Arbeit?

»Neulich hat mein Mann versucht, bei uns zu Hause ein Loch in der Wand zuzuspachteln – und gelinde gesagt sieht es bescheiden aus. Ich war ziemlich wütend, dass er sich so wenig Mühe gegeben hat, und habe ihm gesagt, wie komisch ich es finde, dass er in seinem Job so hart arbeitet, zu Hause aber immer nur pfuscht. Er hat das bestritten und behauptet, er habe sich sehr wohl Zeit gelassen, es sei ihm trotzdem einfach misslungen. Ich habe das allerdings schon öfter bei ihm beobachtet: Er nimmt sich Zeit, um im Job zu glänzen, aber nicht um im Haus irgendetwas zu erledigen. Was soll das?«

### Frau fragt sich

»Warum strengen Männer sich oft so sehr an, die witzigste Person am Tisch zu sein? Manchmal komme ich mir vor, als würde ich beim Amateurabend in einem Comedy-Club zusehen – schrecklich.«

Weil jede Frau in jedem Film, in jeder Reality-Show, in jeder Klatschkolumne, in jedem Zeitschriftenartikel, bei jedem Kaffeekränzchen und in jeder Lebenslage betont, dass der Mann, den sie sucht, Humor haben muss.

Das liegt schlicht und ergreifend daran, dass sein Publikum bei der Arbeit ein kleines Stadion füllen würde. Sein Publikum zu Hause besteht dagegen nur aus Ihnen. Er geht (offenbar fälschlicherweise) davon aus, dass Sie seine Mängel und Unzulänglichkeiten akzeptieren werden, was in seinem Job niemand tut. »Meine Frau wirft mir immer vor, ich würde bei allen Arbeiten im Haus hudeln. ›In deinem Job würdest du das niemals tun‹, behauptet sie«, erzählt Xavier, 30. »Wahrscheinlich hat sie recht, aber ich tue das nicht absichtlich. Wenn ich ehrlich bin, fehlt mir einfach die Energie, sowohl bei der Arbeit als auch zu Hause ständig Höchstleistungen zu bringen.«

## Männlichkeit gemeistert:

### *Was Sie jetzt über Männer wissen*

- Wir arbeiten, um unsere Grundbedürfnisse zu befriedigen – wozu auch das Streicheln unseres Egos gehört.
- Beim Erklimmen der Leiter haben wir das Gefühl, drei Sprossen auf einmal nehmen zu müssen. Wenn wir eine Sprosse verpassen, haben wir Angst, dass alles zusammenbrechen könnte und wir noch einmal von ganz unten anfangen müssen.
- Wir haben ein schlechtes Gewissen, wenn wir arbeiten müssen, obwohl wir eigentlich Zeit mit Ihnen verbringen sollten. Wenn Sie sich gedulden, bis die stressige Phase vorüber ist, können wir darüber reden und gemeinsam einen Weg

finden, um Arbeit von Freizeit zu trennen und uns beide glücklich zu machen.

## Was Sie heute Abend sagen sollten!

Das Heißeste, was Cam, 30, jemals von einer Frau zu hören bekommen hat:

»Ich habe keine Unterwäsche an.«

Das Heißeste, was Alexis, 28, jemals zu einem Mann gesagt hat:

»Du bist der Mann, mit dem ich bis an unser Lebensende jeden Tag Sex haben will.«

# 18. Was hat sein Anmachspruch tatsächlich zu bedeuten?

*Wie Sie einen netten Kerl mit einem miesen Spruch von einem miesen Kerl mit einem netten Spruch unterscheiden können – und von Anfang an auf dem richtigen Dampfer sind*

**Männer, in welcher Hinsicht würdet ihr lügen, um ein erstes Date zu bekommen? (Mehr als eine Antwort möglich.)**

| | |
|---|---|
| *Dass ich an mehr interessiert bin als nur an Sex:* | 58 Prozent |
| *Was mein Einkommen betrifft:* | 35 Prozent |
| *Was meine Bereitschaft betrifft, mich zu binden:* | 34 Prozent |
| *Was meinen Familienstand betrifft:* | 20 Prozent |
| *Anderes:* | 20 Prozent |

Wir sehen Sie. Da drüben. Ja, wir sehen, wie Sie sich mit den Fingern durchs Haar fahren, als würden Sie die Saiten einer Harfe streicheln. Wir sehen, wie Ihre Augen lachen, wenn Ihre Freundin einen Witz macht. Wir sehen Sie in Ihrem eng anliegenden Pullover mit V-Ausschnitt, der dafür sorgt, dass unser Gehirn elektrische Impulse an alle Gliedmaßen aussendet. Von dem Moment an, in dem wir Sie erspähen, ist uns bewusst, dass wir uns viel lieber mit Ihnen unterhalten würden, als Sie nur anzustarren. Das einzige Problem? Die Brücke zwischen uns und Ihnen ist extrem wackelig und hat kein Geländer, und auf den tiefen Fall folgt ein sehr öffentlicher – und peinlicher – Aufschlag.

Das macht den Weg von uns zu Ihnen zu einer Reise, die wir nur zögerlich unternehmen. Verstehen Sie?

»Wir haben schlicht und einfach Angst davor, abgewiesen zu werden, auch wenn wir immer vorgeben, keine Angst zu haben.« – Brad, 29

»Den meisten Männern fehlt das Selbstbewusstsein, um sich attraktiven Frauen zu nähern, auch wenn ihre Gedanken in diesem Moment nicht um Sex kreisen.« – Jeffrey, 31

»Ich gehe häufig mit Freunden in Bars, aber ich schwöre, dass ich mir jedes Mal, wenn ich eine Frau ansprechen will, vorkomme wie damals in der Junioren-Baseballliga, wenn ich einem Werfer gegenüberstand. Ich weiß nicht, ob mich der Wurf treffen wird, ob ich vorbeischlagen werde oder ob ich tatsächlich einen Treffer landen werde.« – Zach, 24

»Manchmal möchte ich einfach gejagt werden. Nichts ist erotischer, als von einer Frau angemacht zu werden.« – Craig, 30

»Männer haben schreckliche Angst davor, eine Abfuhr zu kassieren. Ich würde lieber für immer alleine bleiben, als einen Korb zu riskieren.« – Oliver, 34

## Sagen Sie dies, nicht das!

**Sagen Sie:** Wir sollten mal zusammen weggehen.
**Und nicht:** Hast du am Wochenende irgendwas Interessantes vor?
**Denn:** Die meisten Männer sind zu bescheiden, um davon auszugehen, dass irgendetwas anderes als ein direkte Aufforderung eine Anmache sein könnte.

**Sagen Sie:** Welche Hobbys hast du?
**Und nicht:** Womit verdienst du deinen Lebensunterhalt?
**Denn:** Sie sind an seinen Leidenschaften interessiert, nicht an seiner Gehaltsabrechnung.

**Sagen Sie:** Sollen wir irgendwohin gehen, wo wir ungestört sind?
**Und nicht:** (Schweigen.)
**Denn:** Männer haben Angst davor, zu früh zu aufdringlich zu sein – wenn Sie also möchten, dass es vorangeht, sollten Sie ihm das klar und deutlich mitteilen.

**Sagen Sie:** Du kannst toll küssen.
**Und nicht:** (Schweigen.)
**Denn:** Ein wenig Ermutigung stärkt sein Selbstvertrauen – was eine bessere Erfahrung für Sie zur Folge hat.

Manche Männer besitzen zwar die Dreistigkeit, das Charisma und das Selbstbewusstsein, um jederzeit und überall jede Frau anzusprechen (oder zumindest scheinen sie all das zu besitzen), doch viele von uns würden lieber eine ganze iPod-Ladung

Enya-Songs über sich ergehen lassen, als eine fremde Frau anzusprechen (vor allem dann, wenn sie mit mehreren Freundinnen unterwegs ist).

Das liegt daran, dass wir in einigen anderen Situationen in unserem Leben unmittelbar mit Zurückweisung konfrontiert werden.

Jeff, 24, Produktentwickler in der HiFi-Branche, begegnete in einem Restaurant einer Frau, die er bereits flüchtig über einen seiner Freunde bei der Arbeit kennengelernt hatte. Sie unterhielten sich ein paar Minuten, bevor sie das Restaurant verließ. »Keine Ahnung, was es war, aber irgendetwas hat klick gemacht, und ich beschloss, sie anzurufen«, sagt er. »Zwei Tage später habe ich mich bei ihr gemeldet, und wir sind miteinander ausgegangen. Jetzt, neun Monate danach, sind wir noch immer zusammen, aber ich habe ihr nie erzählt, dass ich eine Stunde lang im Zimmer auf und ab gelaufen bin und mir zurechtgelegt habe, was ich sage, bevor ich das erste Mal ihre Nummer gewählt habe. Ich weiß, dass das kindisch war, doch ich war noch nie zuvor so nervös, wenn es darum ging, eine Frau anzurufen. Ich war einfach total begeistert von ihr und wollte die Sache auf keinen Fall vermasseln.«

Jeff glaubte, grünes Licht zu haben, weil die beiden sich schon (mehr oder weniger) kannten. Allerdings wird die Situation unangenehmer als getragene Unterhosen, wenn man es mit einer völlig Fremden zu tun hat. Charles, 34, von Beruf Staatsanwalt, behauptet von sich, er habe nicht das geringste Selbstvertrauen, wenn es darum geht, fremde Frauen anzusprechen. »Ich bin Single, habe einen guten Job, sehe meiner Ansicht nach nicht schlecht aus und bin es gewohnt, mich mit allen möglichen Leuten zu unterhalten. Trotzdem hält mich irgendwas davon ab, bei einer Frau den ersten Schritt zu wagen«, sagt Charles. »Ich habe immer das Gefühl, hölzern und gekünstelt zu klingen, wenn ich jemanden unvorbereitet anspreche. Ich möchte nicht wissen, wie viele Gelegenheiten ich schon verpasst habe, weil ich so ein Wasch-

### Was es zu bedeuten hat, wenn...

***... er alleine an der Bar sitzt:***

Er fühlt sich durchaus wohl dabei, alleine an der Bar zu sitzen, wenn auch vielleicht nicht ganz so wohl, alleine durchs Leben zu gehen.

***... er Sie beim dritten Date bekochen möchte:***

Er besitzt nützliche Fähigkeiten (und möchte Ihnen zeigen, dass er einen guten Partner abgäbe). Außerdem besitzt er eine aufgeräumte Wohnung (und möchte Ihnen zeigen, dass er einen guten Partner abgäbe), und er besitzt qualitativ hochwertige Bettwäsche (falls Sie sich gerne mit ihm paaren möchten).

***... er einfach Ihr Handy nimmt und seine Nummer einspeichert:***

Er fordert Sie heraus, ihm binnen 24 Stunden eine SMS zu schreiben. Sind Sie bereit für eine Partie Beziehungs-Schach?

lappen bin, wenn es darum geht, den ersten Schritt zu machen.«

Dieselbe Frage geht an Sie: Wie viele Gelegenheiten haben Sie schon verpasst, weil der Betreffende ein zu großer Waschlappen war, um den ersten Schritt zu tun? Ist das Ihre Schuld? Vielleicht. Sie können uns helfen – und zwar dabei, die baufällige Brücke zu überqueren –, indem Sie sich daran erinnern, dass wir so plump sind wie das Kartoffelpüree eines Junggesellen, was die erste Annäherung betrifft. Geben Sie uns ein Zeichen – oder zwei –, dass Sie das Geländer aufstellen und wir gefahrlos auf Sie zukommen können. (Ein Lächeln wirkt oft Wunder.) Noch besser ist es, wenn Sie auf unsere Seite der Brücke kommen, bevor wir überhaupt dazu ansetzen, sie zu überqueren.

## Warum macht er nicht den ersten Schritt?

»Ich habe einen Arbeitskollegen, der mir ganz gut gefällt: Er ist intelligent, humorvoll und nimmt sich selbst nicht allzu ernst. Ich weiß, dass er sich vor ein paar Monaten von seiner Freundin getrennt hat. Ich bin Single und hätte nichts dagegen, mit ihm zusammenzukommen, werde ihn aber ganz bestimmt nicht fragen, ob er mit mir weggehen möchte. Ich denke, ich habe ihm bereits einige Signale gesendet: So habe ich länger als üblich in seinem Büro vorbeigeschaut und ihn zum Mittagessen mit ein paar Kollegen aus meiner Abteilung eingeladen. Er scheint an mir interessiert zu sein, hat allerdings noch nichts unternommen. Merkt er denn nicht, dass er mir gefällt?«

Manche Typen stehen einfach total auf der Leitung. Männer versuchen, unabhängig von ihren Erfahrungen Signale zu interpretieren, bringen dabei manchmal nur alles durcheinander. In Ihrem Fall könnte es sein, dass er die Signale erkannt hat und jetzt die Vor- und Nachteile abwägt, die es hat, wenn man sich mit einer Arbeitskollegin einlässt. Oder aber er hat bereits ein Techtelmechtel mit Veronica aus dem Vertrieb. So oder so, es hat den Anschein, als wären Ihre Signale ungefähr so klar wie ein Spiegel in einer Sauna. Ja, wir flirten für unser Leben gerne, trotzdem freuen wir uns, wenn Frauen die Initiative ergreifen.

**Frau fragt sich**

»Wenn er in den Spiegel sieht, während wir Sex miteinander haben, scheint er mehr an sich selbst interessiert zu sein als an mir. Welche Erklärung gibt es dafür?«

Klarstellung: Er betrachtet nicht sich selbst. Er beobachtet, was Sie mit ihm machen.

»Mir sind in meinem ganzen Leben nur drei Frauen begegnet, die den Mumm hatten, mich zu fragen, ob ich mich mit ihnen treffen möchte«, sagt Kyle, 30. »Unabhängig davon, ob ich interessiert bin oder nicht, muss ich sagen, dass es nichts gibt, was einen Mann mehr anmacht als eine Frau, die von sich aus die Initiative ergreift. Das ist nicht nur eine Erleichterung für uns, sondern es ist verdammt beeindruckend, wenn eine Frau etwas tut, wozu wir nicht in der Lage sind.«

## Wie muss eine Frau sein, damit ein Mann sie anspricht?

»Wenn ich weggehe, weiß ich, was mir gefällt, wenn ich es sehe. Ich achte bei einem Mann darauf, wie er aussieht, wie er sich kleidet und wie er sich bewegt. Mich würde interessieren, ob Männer dieselbe mentale Checkliste abhaken. Worauf achtet ein Mann, wenn er beschließt, eine Frau anzusprechen? Abgesehen von ihrem Aussehen, meine ich. Sagen wir einfach, der ganze Raum ist voller Sahneschnitten – wonach entscheidet ein Mann, welche von ihnen er ›anbeißt‹?«

**MYSTERIUM MANN**

**33 Prozent der befragten Männer sagen, eine Beziehung ohne Trauschein sei angenehmer, als verheiratet zu sein.**

Das kann man unmöglich wissen. Zunächst gleicht ein Mann einem Computer: Er registriert sämtliche Daten in Bezug auf Aussehen und Gesamtwirkung und verarbeitet sie schneller, als Sie einen Martini bestellen können. Dann verwandelt er sich in einen Überwachungsroboter. Er beobachtet. Und denkt nach. Und ringt mit sich. Und denkt nach. Und fragt seine Freunde, was sie denken. Und beobachtet.

Oft geht er dann alleine nach Hause, weil er so viel Zeit damit verbracht hat, den großen Moment vorzubereiten, dass er ihn verpasst hat. Er wird Sie ohne Zweifel ins Visier nehmen, aber es dauert eine Weile, bis er sich entschlossen hat, seinen Schuss abzufeuern.

## Was hat es eigentlich mit blöden Anmachsprüchen auf sich?

»Vor Kurzem ist ein Typ in einer Bar auf mich zugekommen, hat mich von Kopf bis Fuß gemustert und dann gefragt, ob ich mich verletzt hätte, weil ich vom Himmel gefallen sein müsse. Also bitte! Ein Typ, der so einen dämlichen Spruch benutzt, kann mich überhaupt nicht beeindrucken. Wie kommt ein Mann bloß auf die Idee, dass er eine Frau mit solchen Sprüchen beeindrucken kann?«

Ich wünschte, ich könnte es Ihnen sagen, denn einen Anmachspruch zu benutzen ist ungefähr dasselbe, als würde man einen Plastiklöffel bei einer Messerstecherei verwenden. Doch die Sache ist folgende: Wenn ein Mann Sie spontan anspricht, entscheiden Sie in ungefähr sieben Sekunden, ob Sie sich mit ihm unterhalten oder ihm eine Abfuhr erteilen. Da viele Männer sich nicht zutrauen, über das verbale Arsenal zu verfügen, um Sie mit 25 oder weniger Wörtern für sich zu gewinnen, greifen sie zum erstbesten Spruch, der ihnen einfällt.

»Meine weiblichen Bekannten sagen mir immer, dass Anmachsprüche schrecklich seien. Trotzdem bin ich auf diese Weise schon mit vielen Frauen ins Gespräch gekommen, und nachdem sie tatsächlich darüber gelacht haben, können sie gar nicht so schlecht sein«, sagt Jerry, 23.

Wir wissen, was wir tun müssten, um Ihre Aufmerksamkeit zu erregen – Fragen stellen, ein natürliches Gespräch beginnen –, doch wenn Sie allen Ernstes möchten, dass wir diesen Weg einschlagen, müssen Sie uns eines gewähren, was wir nicht haben: ein wenig Zeit. Dann präsentieren wir Ihnen nicht nur einen Anmachspruch, sondern ein bis zwei Anmachparagraphen.

## Männlichkeit gemeistert:

### *Was Sie jetzt über Männer wissen*

- Wir strahlen zwar Selbstvertrauen aus, wenn wir Sie ansprechen, aber in Wahrheit dreht sich unser Magen dabei schneller als die Trommel einer Waschmaschine im Schleudergang.
- In unseren Augen sind Sie wie der Basketballstar Shaquille O'Neal. Sie besitzen die Fähigkeit, jeden unserer Wurfversuche abzublocken. Lassen Sie uns wenigstens ausholen, bevor Sie uns den Ball ins Gesicht klatschen. Wir wissen es durchaus zu schätzen, wenn Sie uns freie Sicht auf den Korb gewähren.
- Wir zögern länger, als Sie denken, bis wir den ersten Schritt wagen. Das heißt, wir haben nichts dagegen, wenn Sie ihn stattdessen selbst machen.

## Was Sie heute Abend sagen sollten!

Das Heißeste, was Justin, 29, jemals von einer Frau gesagt bekommen hat:

»Danke.«

Das Heißeste, was Amelia, 28, jemals zu einem Mann gesagt hat:

»Deine Klamotten stehen dir, aber ich würde dich jetzt lieber nackt sehen.«

## 19. Wie bringen Sie ihn dazu, mehr Zeit auf das Vorspiel zu verwenden?

*Ein paar simple Tricks, mit denen Sie ihn bremsen und sich selbst in Fahrt bringen können*

**Männer, was würdet ihr am liebsten an eurem Sexleben ändern?**

| | |
|---|---|
| *Mehr Sex:* | 20 Prozent |
| *Längerer Geschlechtsverkehr, mehr Vorspiel:* | 15 Prozent |
| *Mehr und/oder besserer Oralverkehr:* | 9 Prozent |
| *Mehr Leidenschaft mit der Partnerin:* | 6 Prozent |

*(Der Rest der Befragten war mit seinem Sexleben weitgehend zufrieden.)*

Sie kennen das Klischee: Frauen sind Lagerfeuer, Männer sind Flammenwerfer. Frauen wünschen sich, das Feuer möge lange und langsam brennen, Männer dagegen möchten schnell und heftig zuschlagen. Männer möchten angreifen und abhauen. Rein und raus. Zack, bum. Wenn Sie wirklich wollen, dass wir Ihnen danken, sollten Sie Folgendes wissen: Männern geht es beim Sex nicht nur um die paar Minuten zwischen dem Zeitpunkt, wenn er in Ihr Allerheiligstes eindringt, und dem Moment, wenn er seine Rebellen freilässt. Es geht uns ebenso sehr darum, was mit Ohrläppchen, Lippen, Zungen und all den anderen Körperteilen geschieht, die Sie uns als Appetithappen präsentieren.

Mögen wir Quickies? Ja, natürlich mögen wir die. Wir mögen sie aus demselben Grund, aus dem wir auch Burritos aus der Mikrowelle mögen – weil sie unsere Bedürfnisse ungefähr in der gleichen Zeit befriedigen, die wir brauchen würden, um einen Zwölfjährigen im Armdrücken zu besiegen. In der Regel haben Quickies allerdings viel mehr zu bieten als das Auf und Zu des Reißverschlusses.

Doug, 26, Anlageberater aus Vermont, ist seit ungefähr einem Jahr mit seiner Freundin zusammen. Er behauptet, seine denkwürdigsten sexuellen Erlebnisse habe er immer dann, wenn ein Beschleunigungsrennen auf dem Programm steht – um zu sehen, wie lang er von 0 auf 100 braucht. »Wir haben nicht allzu oft einen Quickie, aber wenn wir einen haben, sind wir entweder in Eile, oder wir müssen uns verstecken. Am Anfang unserer Beziehung hatten wir einmal Sex im Badezimmer auf einer Party – das war richtig toll, weil es so schnell gehen musste und so riskant war.«

Es gibt aber auch noch einen anderen Grund, weshalb Männer gelegentlich schnellen Sex mögen: Wir suchen nach einer Möglichkeit zum sofortigen Stressabbau.

»Manchmal habe ich das Gefühl, dass ich unbedingt Sex brauche – nur der körperlichen Erlösung wegen –, aber ich bin mir nicht sicher, ob meine Frau das versteht«, sagt Reed, 34, Inhaber einer kleinen Firma. »Meine Arbeit bereitet mir eine Menge Kopfzerbrechen, und Sex gehört zu den wenigen Dingen, die mich völlig abschalten lassen. Natürlich wünsche ich mir auch die Verbindung zu meiner Frau, nur manchmal stehe ich zu sehr unter Druck, um mir dabei so viel Zeit zu lassen, wie wir es beide gerne hätten.«

## Sagen Sie dies, nicht das!

**Sagen Sie:** Lass es uns langsam angehen. Ich möchte jede einzelne Sekunde genießen.
**Und nicht:** Ich will mehr Vorspiel!
**Denn:** Im Bett Befehle zu bellen, ist nicht sexy – es sei denn, Sie stehen beide auf SM.

**Sagen Sie:** Gib mir Bescheid, wenn es bei dir fast so weit ist.
**Und nicht:** Komm noch nicht!
**Denn:** Es ist bereits zu spät.

**Sagen Sie:** Ah, was du gerade gemacht hast, hat sich toll angefühlt. Kannst du das noch mal machen?
**Und nicht:** (Schweigen.)
**Denn:** Ihm genau zu sagen, was bei Ihnen funktioniert, schmeichelt seinem Ego und verschafft Ihnen den Sex, den Sie sich wünschen.

**Sagen Sie:** Dieses praktische Gerät verhindert, dass man mit 80 Arthritis bekommt.
**Und nicht:** Können wir meinen Vibrator benutzen? Mit dem klappt es viel besser.
**Denn:** Er spielt mit, solange er sich nicht unterlegen fühlt.

Reed ist nicht der einzige Mann, der zwar Quickies mag, sich jedoch auch nach langem, langsamem Sex sehnt. Immerhin 31 Prozent aller Männer würden gerne mehr Zeit fürs Vorspiel verwenden, und wenn man sich ansieht, wie einige der von uns befragten Männer ihre besten sexuellen Erlebnisse beschreiben, erkennt man eindeutige Übereinstimmungen: viel Spannungsaufbau, viel Vorfreude, viel Vorspiel, viel vorbereitendes Aufwärmen, viel toller Sex, der aufgrund dessen, was *davor* passiert ist, toll war. Kommt Ihnen das irgendwie bekannt vor?

»Den besten Sex hatten wir, als wir nach einem Abend mit Freunden in einer Bar nach Hause kamen, wo wir Live-Musik gehört und getrunken hatten«, sagt Gregory, 23. »Wir hatten den ganzen Abend Spaß, was zu einem unschlagbaren Erlebnis führte.«

»Mein bestes sexuelles Erlebnis: Wir haben den Geschlechtsakt immer wieder unterbrochen und hinausgezögert«, sagt Alan, 32. »Letztendlich war das besser als alles, was ich je erlebt habe.«

»Ich war auf Geschäftsreise mit einer Kollegin, mit der ich schon ein paar Monate geflirtet hatte«, sagt Peter, 37. »Wir hatten uns von Anfang an super verstanden, aber ich hatte nie wirklich etwas unternommen. Als wir zusammen unterwegs waren, haben wir uns im Lauf des Tages immer wieder berührt. Nach dem Abendessen sind wir dann mit einer Flasche Wein auf ihr Zimmer gegangen und haben uns einen Film angesehen. Eins führte zum anderen, und am nächsten Morgen lag sie nackt neben mir und schmiegte sich an mich.«

Ich bin der Meinung, dass viel mehr Männer auf Vorspiel stehen, als Ihnen bewusst ist:

»Vorspiel ist etwas Tolles. Wenn Frauen ihm mehr Zeit widmen würden, würden wir das ebenfalls tun.« – Lyle, 36

**Was es zu bedeuten hat, wenn ...**

***... er tut, was er kann, damit Sie einen Orgasmus haben, bevor er selbst kommt:***
Obwohl er es genießt, Sie zu befriedigen, bedeutet Geduld beim Sex für Männer einen Kampf mit ihrer biologischen Veranlagung. Sein Körper sagt ihm, dass er sich gehen lassen soll, doch sein Verstand überzeugt ihn davon, dass er reich belohnt werden wird, wenn er sich zurückhält.

***... er Sie fragt, ob er Sie massieren soll:***
Das ist wesentlich eleganter, als Sie zu bitten, Ihre Bluse auszuziehen.

***... er Ihren Hals küsst:***
Er ist stark daran interessiert, Sie in den nächsten Minuten nackt zu sehen.

»Wir möchten hin und wieder verwöhnt werden. Nicht nur mit Oralsex, sondern auch auf andere, sinnlichere Art und Weise.« – Carlton, 34

»Jeder Mann steht auf Vorspiel – vor allem dann, wenn seine Partnerin ihm das Gefühl vermittelt, dass sie richtig scharf auf ihn ist.« – Keith, 34

Frauen vergessen manchmal, dass die Vorfreude von Männern auf Sex ebenso nervenaufreibend und jubelauslösend sein kann wie der Höhepunkt selbst. Vielleicht sind Sie der Meinung, Männern käme es allein darauf an, wie viel Aufmerksamkeit dem Torpfosten gewidmet wird. In Wirklichkeit wünschen wir uns jedoch, dass Sie das gesamte Spielfeld nutzen – und dasselbe möchten wir auch bei Ihnen tun.

## Frau fragt sich

»Wie kommt er auf die Idee, Sex zur Musik einer Hardrockband wie AC/DC sei romantisch?«

Seine Fantasien drehen sich nicht immer um Sex am Strand zur Musik von Luther Vandross, dessen Balladen Ihre Ohren liebkosen. Manchmal klingen seine Fantasien ein bisschen härter. **Kurze Röcke. Alkohol im Überfluss. Bum Bum. Im Stehen an der Wand. Verschwitzte Körper. Offene Münder. Ja, Baby. Rock 'n' Roll.**

## Warum kann ich nicht zärtlich zu ihm sein, ohne dass er gleich denkt, ich will Sex?

»Jedes Mal, wenn ich meinen Freund küsse oder umarme, hält er das für eine Aufforderung zum Sex. Ich habe das Gefühl, dass ich ihm nicht einmal anbieten kann, ihn zu massieren, weil er dann automatisch davon ausgeht, dass wir anschließend Sex haben. Warum erwartet er jedes Mal Sex, wenn ich meine Zuneigung körperlich zeige?«

Ich bin der Ansicht, dass er nicht unbedingt Sex *erwartet*, sondern sich vielmehr Sex *wünscht*. Sie betrachten Körperkontakt als Zeichen für Zuneigung, für uns ist jede Form von körperlichem Kontakt zwischen erwachsenen Menschen wie der Schuss beim Start eines Pferderennens. Es ist das Signal, dass es jeden Moment losgeht, also stehen wir in den Startlöchern und scharren mit den Hufen.

»Meine Frau hat sich bei mir beschwert, dass sie mich nicht einmal umarmen könnte, ohne dass ich sofort irgendetwas Unanständiges sage oder tue«, erzählt Fred, 40, der seit sechs Jahren verheiratet ist. »Ehrlich gesagt – und ich weiß, dass das komisch klingen mag –, erregt es mich nun mal, wenn wir uns berühren, selbst wenn es ganz unschuldig gemeint ist.« Vielleicht sollten Männer einfühlsamer sein und verstehen, dass nicht jeder Klaps auf den Po grünes Licht bedeutet. Tatsache ist aber nun mal, dass unser Motor immer im Leerlauf läuft. Sobald Sie einen Gang einlegen, drücken wir instinktiv aufs Gaspedal.

## Was kann ich tun, um ihn aus seiner sexuellen Routine zu reißen?

»Wenn mein Mann und ich Sex haben, fängt es jedes Mal gleich an. Wir ziehen uns beide aus, und dann küsst er mich ein oder zwei Minuten lang. Anschließend widmet er sich meinen Brüsten, berührt mich an einer bestimmten Stelle und erwartet, dass ich bereit bin. So schlecht ist das Ganze zwar auch wieder nicht, aber ich würde mir wünschen, dass er meinem ganzen Körper Aufmerksamkeit schenkt. Warum fällt es ihm nur so schwer, einmal etwas anderes auszuprobieren und sich mehr Zeit zu lassen?«

Zum einen stimuliert er sich damit selbst ebenso sehr, wie er versucht, Sie zu stimulieren. (Die Neuigkeit: Es törnt *ihn* an, wenn er Ihre Brüste berührt.) Der andere Grund ist, dass Sie sich beide in einer sexuellen Warteschleife befinden. Sie haben immer an denselben Wochentagen Sex, zur selben Tageszeit, auf dieselbe Art und Weise. Deshalb sollte es Sie nicht verwundern, dass er beim Vorspiel ebenfalls immer demselben Schema folgt. Ja, er sollte ruhig einmal die Initiative ergreifen und etwas anderes ausprobieren, aber auch Sie können den Taktstock in die Hand nehmen und das Orchester dirigieren.

»Den besten Sex mit meiner Frau habe ich immer dann, wenn es völlig unerwartet dazu kommt«, sagt Lawrence, 27, der seit zwei Jahren verheiratet ist. »Als wir einmal beim Einkaufen waren, hat sie mich plötzlich geküsst und mir ins Ohr geflüstert: ›Ich bin richtig geil.‹ Wir haben uns sofort auf den Heimweg gemacht. Das Vorspiel hat bereits im Auto begonnen und endete in einer nackten, verschwitzten Umarmung bei uns zu Hause.«

## Warum masturbieren Männer, auch wenn sie regelmäßig Sex bekommen?

»Mein Freund, mit dem ich zusammenwohne, muss ungefähr eine halbe Stunde vor mir aufstehen, um zur Arbeit zu fahren. Als er neulich morgens unter der Dusche stand, bin ich auf die Toilette gegangen, und habe zufällig gesehen, wie er selbst Hand angelegt hat. Ich weiß, dass Männer das tun, dachte aber immer, dass er eigentlich keinen Bedarf hätte. Immerhin schlafen wir drei bis vier Mal in der Woche miteinander (unter anderem auch am Vorabend des fraglichen Tages!). Nun frage ich mich, wie oft er das tut und warum ich nicht in der Lage bin, ihn zu befriedigen. Was veranlasst einen Mann, zu onanieren, obwohl er in einer Beziehung lebt, zu der eine Menge Sex gehört?«

**MYSTERIUM MANN**

**50 Prozent der befragten Männer glauben von sich, besser im Bett zu sein als ihre Frau oder Freundin.**

**24 Prozent der befragten Männer wollten diese Frage nicht beantworten.**

Trevor, 32-jähriger Elektroingenieur aus Kalifornien, behauptet von sich, dass er ein erfülltes Sexleben hat. Er hat zweimal in der Woche Sex und keinen Grund zur Klage. »Meine Frau ist toll, aber manchmal muss ich die Sache einfach selbst in die Hand nehmen«, sagt Trevor. »Wenn ich zum Beispiel lange wach liege, mache ich es ganz leise, und es hilft mir beim Einschlafen. Ich glaube, viele Frauen denken, Masturbation bedeutet automatisch, dass man sexuell nicht ausgelastet ist, weil man seine Partnerin nicht attraktiv findet. Zumindest für mich geht es dabei eher um Stressabbau als um sexuelle Befriedigung.«

**MYSTERIUM MANN**

**71 Prozent der befragten Männer wünschen sich, sie könnten sich beim Geschlechtsverkehr länger zurückhalten (*MH*).**

Sie können sich sicher sein, dass Ihr Freund mit Ihnen vollkommen zufrieden ist. Es gibt allerdings Momente, in denen er sich nach einem Quickie sehnt und sich den einfachsten Weg zu diesem Ziel sucht. Ein erfülltes Sexleben bedeutet, dass er sexuell stets auf Touren ist – je mehr Sex Sie miteinander haben, umso mehr ist er auf Sex vorbereitet. Umso größer ist damit unter Umständen auch sein Bedürfnis, sich selbst Erleichterung zu verschaffen. Obwohl es eine Menge Dinge gibt, die ihn dazu inspirieren können, sich einen von der Palme zu schütteln (Erinnerungen, Fantasien, Ihre Ausgabe der *Cosmopolitan*), wäre es ihm viel lieber, wenn Sie mit von der Partie wären. Es sich selbst zu machen, mag auf der Befriedigungsskala zwar höher rangieren, als es gar nicht zu machen, aber es wird *nie* höher rangieren, als es mit Ihnen zu machen.

## Was Frauen nach Ansicht von Männern über Sex wissen sollten

»Wir mögen Sex, aber er ist nicht das A und O unserer Existenz.« – Terry, 30

»Sex ist ein kräftiger Katalysator für eine Beziehung.« – Nicholas, 27

»Wir würden es am liebsten so oft tun, wie wir können. Männer lieben den weiblichen Körper. Für mich ist er ein Kunstwerk. Ich bin ganz verrückt danach, zu berühren und berührt zu werden.« – Vic, 37

»Sex ist die Belohnung für Liebe.« – Benjamin, 34

»Mit dem sexuellen Appetit eines Mannes verhält es sich ähnlich wie mit seinem Appetit beim Essen. Ein Orgasmus ist wie dreimal Nachfassen am Büffet. Die meisten Männer würden anschließend am liebsten die Augen schließen und ein Nickerchen machen. Manche Männer sind höflich und geben vor, zum Nachtisch noch woanders hingehen zu wollen. Ich nehme an, das ist das männliche Äquivalent dazu, wenn Frauen einen Orgasmus vortäuschen.« – Dave, 30

»Männer sehnen sich in jedem wachen Moment auch nicht mehr nach Sex als Frauen.« – Andrew, 24

»Lass es uns noch mal tun.« – Neal, 36

»Für Männer ist Sex wie ein Ölwechsel. Wenn wir ihn nicht regelmäßig bekommen, läuft bei uns gar nichts mehr.« – Aidan, 23

»Man sollte es nicht nur tun, um es zu tun. Wenn man eine echte Beziehung mit jemandem führen möchte, sollte einen der Sex einander näherbringen.« – Karl, 31

»Jeder Mann wünscht sich insgeheim, dass seine Partnerin befriedigt ist. Sein eigenes Vergnügen ist nur der Zuckerguss auf dem Kuchen.« – Lars, 37

»Sex ohne Liebe macht Spaß, aber Sex mit Liebe ist besser.« – Billy, 25

»Legt euch ins Zeug.« – Bob, 30

»Genießt eure Sexualität und eure Weiblichkeit und zeigt es. Überrascht uns mit einem freizügigen Foto von euch, das ihr uns ins Portemonnaie steckt. Schreibt uns per E-Mail, was ihr gerade anhabt – oder auch nicht anhabt. Sagt uns, was euch anmacht.« –Vincent, 28

»Sex kann emotional, physisch oder spirituell sein, wenn auch nicht unbedingt zur selben Zeit und am selben Ort.« – Marc, 38

»Vorspiel erregt Männer.« – Les, 42

»Abwechslung ist gut, Intensität ist gut, Enthusiasmus ist besser.« – Jesse, 23

»Benutzt eure Zähne, wenn ihr die Erlaubnis dazu bekommt.« – Brad, 26

»Legt euren Panzer und eure Prinzipien zusammen mit euren Klamotten ab.« – Chuck, 30

## Männlichkeit gemeistert:

***Was Sie jetzt über Männer wissen***

- Wir schaffen es zwar oft in 30 Sekunden, doch in der Regel ist es uns lieber, wenn es 30 Minuten dauert.
- Jeder weiß, dass der Hype vor einem großen Spiel fast immer besser ist als das Spiel selbst. Was Sex betrifft, sind der Hype, die Erwartung und die Vorfreude der zweite Grund, weshalb wir das Vorspiel ebenso sehr lieben wie den Hauptakt. (Der erste Grund sind natürlich Ihre Brüste.)
- Sex dient vielen verschiedenen Zwecken, unter anderem der Bindung zu Ihnen und dem Abbau von angestautem Stress.

## Was Sie heute Abend sagen sollten!

Das Heißeste, was Jake, 36, jemals von einer Frau gesagt bekommen hat:

»Du bist der Beste, den ich jemals hatte.«

Das Heißeste, was Daniela, 22, jemals zu einem Mann gesagt hat:

»Möchtest du meine Tätowierung sehen?«

# 20. Was macht einem Mann wirklich Angst?

*Für seine Frau und seine Kinder nicht der Größte zu sein. Hier erfahren Sie, wie Sie ihm helfen können, seine Angst vor dem Versagen zu meistern, und ihn dazu bringen, sich Ihnen voll und ganz zu widmen*

**Männer, welche Rolle hat euer Vater in eurer Kindheit gespielt?**

| | |
|---|---|
| *Die Rolle des Ernährers:* | 50 Prozent |
| *Die Rolle des Erziehers:* | 24 Prozent |
| *Die Rolle des Lehrers:* | 15 Prozent |
| *Die Rolle eines Freundes:* | 11 Prozent |

**Und welche Rolle spielt ihr heute?**

| | |
|---|---|
| *Die Rolle des Ernährers:* | 20 Prozent |
| *Die Rolle des Erziehers:* | 7 Prozent |
| *Die Rolle des Lehrers:* | 41 Prozent |
| *Die Rolle eines Freundes:* | 32 Prozent |

Selbstverständlich werden wir nie wissen, wie es ist, schwanger zu sein und höchstpersönlich Nachwuchs in die Welt zu setzen. Und wir wissen, dass Mütter aus diesem Grund die eigentliche Hauptrolle in der Familie spielen. Ich werde nicht widersprechen, wenn Sie sagen: Der Job einer Mutter stellt alle anderen Jobs in den Schatten.

Vielleicht ist das der Grund dafür, weshalb einige von uns mit ihrer Vaterrolle so schwer zu kämpfen haben. Wir werden immer nur als Assistent im Elternteam betrachtet. Wir können zwar Fußballtrainer sein, Motorräder reparieren und drei Kinder und eine Strandtasche tragen (alles auf einem Arm), wenn es jedoch um die wirklich wichtigen Dinge geht – das Verbale und das Immaterielle –, haben Mütter ihren großen Bühnenauftritt, während wir uns im Orchestergraben abrackern. Und die Aussicht von dort unten ist nicht immer nach unserem Geschmack.

Alexander, 39, Zahnarzt aus Washington, ließ sich scheiden, als sein Sohn acht Jahre alt war. Jetzt muss er ständig darum kämpfen, sich vor ihm Respekt zu verschaffen. »Ich habe keine Ahnung, was meine Exfrau meinem Sohn über mich erzählt, aber sie sagt ihm ganz sicher nicht, dass ich ein guter Vater bin und er von mir viel lernen kann. Da mein Sohn mich nicht als den Menschen kennt, der ich bin, muss ich jedes Mal, wenn wir uns sehen, meine Vaterrolle aufs Neue geltend machen. Das ist ziemlich frustrierend.«

Es kommt nicht darauf an, ob wir geschieden sind oder nicht. Das Problem ist, dass Väter ständig gegen das dämliche Vaterbild ankämpfen müssen, das in der Werbung und in Sit-

## Sagen Sie dies, nicht das!

**Sagen Sie:** Lass uns zusammen entscheiden, wie die Regeln lauten.
**Und nicht:** Du musst meine Regeln bei den Kindern durchsetzen.
**Denn:** Wenn Sie ihm die doppelte Macht als Elternteil geben, wird er auch die doppelte Verantwortung übernehmen.

**Sagen Sie:** Wir müssen einen Weg finden, wie wir unser Einkommen verbessern können.
**Und nicht:** Es wird Zeit, dass du nach einer Gehaltserhöhung fragst.
**Denn:** Die Zeiten des männlichen Ernährers sind vorbei.

**Sagen Sie:** Von deinem Vater kann man eine Menge lernen.
**Und nicht:** Dein Vater denkt, er wüsste alles.
**Denn:** Wenn Sie möchten, dass Ihre Kinder Respekt vor Ihnen haben, sollten Sie mit gutem Beispiel vorangehen.

**Sagen Sie:** Was versteht man unter »Abseits«?
**Und nicht:** Fußball ist Zeitverschwendung.
**Denn:** Es ist nie zu spät, um Fan zu werden.

coms propagiert wird. Wir ertragen es zwar, die Pointe in jedem unangebrachten Witz zu sein, doch es macht uns mehr zu schaffen, als wir zugeben möchten, nicht die perfekte Vaterrolle zu spielen.

»Mein vierjähriger Sohn ist ganz verrückt danach, dass ich Sachen zeichne, die wir dann gemeinsam farbig ausmalen können, wie zum Beispiel ein Tier oder irgendetwas anderes«, sagt Christian, 32, aus Mississippi. »Irgendwann einmal hat er mich gebeten, einen Waschbären zu zeichnen. Ich habe es versucht, doch am Ende kam nur ein unförmiges Gebilde dabei heraus. Es sah schrecklich aus, und mein Sohn hat mir gesagt, ich sei ein miserabler Zeichner und sein Onkel könne viel besser zeichnen. Eigentlich wäre das nicht weiter schlimm gewesen, aber er hatte mich bis dahin noch nie kritisiert. Ich muss schon sagen, dass es wie ein Schlag in die Magengrube war, als er mich mit meinem Bruder verglichen hat.«

**MYSTERIUM MANN**

**54 Prozent der befragten Männer sagen, ihre Familie sei das, was ihre Identität am stärksten definiert.**

Das passiert jedes Mal, wenn ein Kind uns in Frage stellt, ein verächtliches »Du bist doof« ausstößt oder uns das Gefühl vermittelt, dass wir nicht in der Lage sind, unsere väterlichen Pflichten zu erfüllen.

## Wie kann ich meinen Mann daran hindern, unsere Kinder zu verziehen?

»Am häufigsten streite ich mich mit meinem Mann über die Erziehung unserer Kinder. Ich bin diejenige von uns beiden, die ihnen gute Manieren beibringt, sie zum Aufräumen auffordert und dafür sorgt, dass sie sich anständig benehmen. Kaum drehe ich mich um, macht mein Mann mit seiner Nachsichtigkeit alles zunichte und erlaubt ihnen Dinge, die ich ihnen niemals erlauben würde (wie zum Beispiel 20 Minuten vor dem Abendessen zu naschen). Ich habe ihm schon x-mal gesagt, dass mich das stört – dass er strenger sein muss, dass er weniger Freund sein soll und dafür mehr Vater. Doch anscheinend kapiert er das einfach nicht. Ich ärgere mich zunehmend darüber, dass unsere Kinder verschiedene Botschaften erhalten. Warum tut er das?«

Ich denke, er fühlt sich, als würde er bei einem Formel-Eins-Rennen hinter Ihnen herfahren. Wenn Frauen bei der Erziehung die Führung übernehmen, haben Männer oft das Gefühl,

**Was es zu bedeuten hat, wenn ...**

***... er die Sportmannschaft seines Kindes trainiert:***
Werfen Sie ihm nicht vor, er versuche, durch sein Kind seine guten alten Tage wieder aufleben zu lassen.

***... er zwölf Mal hintereinander durch sämtliche Programme zappt:***
Männer sind Entdecker – ob auf Reisen, in Bars im Gespräch mit Frauen oder auf Ihrem nackten Körper im Bett. Das Fernsehprogramm bildet da keine Ausnahme. Er sucht nach etwas, das ihm mehr Befriedigung verschafft, als an Ort und Stelle zu verharren.

***... er kleine Füße hat:***
Hoffentlich ist er wenigstens ein guter Tänzer.

im Windschatten zu fahren – also nur von hinten zu beobachten, ohne tatsächlich Entscheidungen zu treffen. Manchmal provoziert er womöglich absichtlich einen Unfall, weil er keine Chance sieht, die Führung zu übernehmen.

»Meine Frau und ich streiten uns gelegentlich darüber, wie wir unsere Kinder bestrafen sollen – sie ist für richtig harte, langfristige Strafen, etwa eine Woche Xbox-Verbot, während ich eher zu kurzfristigen Strafen tendiere, etwa eine Stunde Zimmerarrest«, sagt Matthew, 32. »Ich habe allerdings festgestellt, dass ich wesentlich strenger bin, wenn ich mit den Kindern alleine bin. Mir kommt es fast so vor, als wäre nicht die Erziehung selbst das Problem, sondern die Einigung mit meiner Frau über unsere Erziehungsmaßnahmen.«

## Versuchen Männer, die Zuneigung ihrer Kinder zu erkaufen?

»Mein Exmann und ich haben uns vor ungefähr drei Jahren getrennt, als unsere Tochter zwei und unser Sohn drei Jahre alt waren. In letzter Zeit ist mir aufgefallen, dass mein Mann mehr Geld für die Kinder ausgibt als früher. Er verwöhnt sie nach Strich und Faden, als wollte er ihre Zuneigung kaufen, und das gefällt mir gar nicht. Ich ärgere mich sehr darüber, möchte jedoch nicht einen von diesen schrecklichen Kriegen anzetteln, bei denen die Kinder Partei ergreifen müssen. Ich glaube nicht einmal, dass er es aus Böswilligkeit tut – wahrscheinlich

## Frau fragt sich

»Ist es wirklich so schwierig, beim Pinkeln in die Toilette zu zielen?«

Männliche Physiologie: Der Urinstrahl hat nicht während der gesamten Dauer des Wasserlassens dieselbe Geschwindigkeit. Er beginnt langsam, beschleunigt dann auf Höchsttempo, verlangsamt sich wieder, sobald die Blase sich leert, und versiegt schließlich mit einem Tröpfeln. Die verirrten Tropfen auf dem Boden entstehen meist aufgrund von Geschwindigkeits-Fehleinschätzung während der ersten oder letzten Sekunden, und zwar unabhängig davon, wie genau gehalten bzw. gezielt wird. Unser bestes Stück verfügt nun einmal nicht über einen Mikrochip mit Funkmesstechnik. Die einzige Abhilfe: Montieren Sie ein Urinal.

will er nur sichergehen, dass seine Kinder ihn auch wirklich lieben. Was sollte ich zu ihm sagen?«

Ich möchte nicht behaupten, dass er sich richtig verhält, aber Sie hätten vermutlich auch nichts dagegen, dasselbe von einem Mann zu bekommen, oder? Unerwartete Geschenke in unerwarteten Momenten, um Ihnen zu versichern, dass er Sie liebt? Es kann durchaus sein, dass er versucht, dieselbe Zuneigung zu erkaufen, die Sie automatisch bekommen. Das wird auf lange Sicht ohnehin nicht funktionieren, und vergessen Sie nicht, dass Sie eines haben, wonach er sich mehr als nach allem anderen sehnt: Zeit mit Ihren Kindern.

## Setzen alle Väter ihre Söhne unter Druck?

»Mein Mann ist einer von diesen Sport-Fanatikern. Er drängt unseren achtjährigen Sohn zwar nicht unmissverständlich dazu, Sport zu treiben, und versichert mir auch immer wieder, der Kleine könne tun und lassen, was er will, trotzdem fragt er ihn immer wieder, ob er mit ihm Basketballspielen oder irgendetwas in dieser Richtung tun möchte. Ich bin wirklich froh darüber, dass mein Mann sich mit dem Jungen beschäftigt, dennoch bin ich der Meinung, dass er nicht nur deshalb allein darüber entscheiden dürfen sollte, was unser Sohn tut, weil er der Mann ist. Wie kann ich ihm sagen, dass er unseren Sohn meiner Ansicht nach unter Leistungsdruck setzt?«

Es gibt drei verschiedene Sorten von Sport-Vätern: Da sind die Bobby Knights, die ihre Kinder schikanieren, damit sie erfolgreich sind. Da sind die Jacques Cousteaus, denen es lieber ist, wenn ihre Kinder die Natur erkunden, anstatt Körbe zu werfen und Tore zu schießen. Und dann ist da noch eine große Gruppe von Vätern, die sich irgendwo dazwischen sehen. Dieser dritte Vater-Typus möchte seinen Kindern etwas beibringen, ist an ihrer Entwicklung interessiert und wünscht sich, dass sie ihn als denjenigen betrachten, der ihnen die komplizierte Technik des Dribbelns beigebracht hat, und ihm in 15 Jahren in einem Artikel in der *Sports Illustrated* dafür danken.

»Ich kann mich noch genau daran erinnern, als mein Sohn seinen ersten Korb beim Spielen mit anderen Kindern geworfen hat«, sagt Darren, 40. »Er war damals sechs Jahre alt, und es war ein perfekter Wurf. Er hat vor Stolz die Faust geballt und mich angeschaut, weil er meine Reaktion sehen wollte. Ich weiß nicht, ob er noch oft Bastkettball spielen wird, wenn er älter ist, aber ich werde nie den Blick vergessen, den er mir zugeworfen hat.«

## Männlichkeit gemeistert:

### *Was Sie jetzt über Männer wissen*

- Da wir mehr Mitspracherecht bei der Erziehung unserer Kinder haben möchten, widersprechen wir manchmal dem, was Sie ihnen sagen, obwohl wir wissen, dass wir es besser nicht tun sollten.
- Wenn wir unseren Kindern eine Sportart beibringen, geht es dabei nur zum Teil um Sport.
- Sie haben entscheidenden Einfluss darauf, wie unsere Kinder über uns denken. Wir möchten zwar nicht klingen wie Politiker, aber würden Sie uns bitte trotzdem helfen, uns trotzdem unterstützen und sich trotzdem für uns einsetzen?

## Was Sie heute Abend sagen sollten!

Das Heißeste, was D. W., 32, jemals von einer Frau gesagt bekommen hat:

»Ich … ich … oh … wow.«

Das Heißeste, was Tonya, 24, jemals zu einem Mann gesagt hat:

»Lass uns Wahrheit oder Pflicht in der Erwachsenenversion spielen. Du fängst an.«

## 21. Woran erkennt man, wenn es vorbei ist?

*Warum Männer in Panik geraten und das Weite suchen, und woran Sie merken, ob Sie ihn festhalten oder loslassen sollten*

**Männer, worüber beklagt sich eure Frau oder Freundin am häufigsten? (Mehr als eine Antwort möglich.)**

| | |
|---|---|
| *Über meine mangelnde Aufmerksamkeit gegenüber ihren Bedürfnissen:* | 28 Prozent |
| *Über meine Qualitäten als Zuhörer:* | 21 Prozent |
| *Über unser Vorspiel/unseren Sex:* | 20 Prozent |
| *Über meine mangelnde Mithilfe im Haushalt:* | 18 Prozent |
| *Dass ich zu viel arbeite:* | 17 Prozent |
| *Über meine Fahrweise:* | 14 Prozent |
| *Dass ich mit anderen Frauen flirte:* | 12 Prozent |
| *Über meinen Umgang mit Geld:* | 10 Prozent |
| *Über meine Qualitäten als Vater:* | 8 Prozent |
| *Über meine handwerklichen Fähigkeiten:* | 6 Prozent |

»Ich bin einfach noch nicht bereit für eine feste Beziehung. Andere Frauen haben mich in der Vergangenheit zu sehr verletzt. Ich bin beruflich zu sehr eingespannt. Ich muss erst den Kopf frei bekommen. Es liegt nicht an dir. Es liegt an mir.«

Haben Sie das schon einmal gehört? Okay, lassen Sie mich die Sache richtigstellen.

Es liegt schon an Ihnen.

Zumindest öfter, als Sie denken.

Zwei von drei Männern, die behaupten es liege nicht an der Frau, lügen.

Lass uns Freunde bleiben! Warum benutzen wir Männer diese Formulierung als Schlupfloch? Aus denselben Gründen, warum Sie dasselbe ebenfalls schon einmal zu einem Mann gesagt haben. Tief in unserem Inneren wissen wir, dass die Beziehung auf Dauer nicht funktionieren wird, und dieser Satz stellt den einfachsten und schmerzlosesten Ausweg dar. Er ist sozusagen der Fluchtwagen aus einer Beziehung – die Ausrede, die immer bereitliegt, wenn wir uns in einer heiklen Situation schnell aus dem Staub machen müssen. Ohne viel Diskussion, ohne Ihnen die Gelegenheit zu geben, zu sezieren, was schiefgelaufen ist, ohne zu versprechen, es zu ändern, und ohne Ihnen das Gefühl zu geben, erschlagen, erdrückt oder zerquetscht worden zu sein. Letzteres ist der wahre Grund, weshalb diese Formulierung bei einer Trennung so gut funktioniert: weil sie einer Beziehung im Handumdrehen den Garaus macht, ohne dass sich jemand am Boden wälzt und windet.

»Ich hatte einmal eine Freundin, die eine ganze Schimpftirade vom Stapel ließ, als sie mit mir Schluss gemacht hat. Sie nannte mich egoistisch, warf mir vor, dass sie mir egal sei, und gab mir zu verstehen, dass sie mich als Freund für eine absolute Niete hält. Ich wusste, dass es nicht stimmte, trotzdem tut es höllisch weh, wenn man es zu hören bekommt«, sagt Daniel, 34, Landschaftsfotograf aus Montana. »Ich würde einer Frau nie Vorwürfe machen, wenn ich mich von ihr trenne, es sei denn, sie hat mich wirklich verletzt, weil sie mich zum Beispiel betrogen hat. Ich weiß nicht, ob das plausibel klingt, aber ich möchte, dass sie mich nach der Trennung noch mag, auch wenn sie mich hasst.«

Frauen nehmen kein Blatt vor den Mund, wenn es darum geht, ihre Missbilligung kundzutun (siehe die obigen Umfra-

### Sagen Sie dies, nicht das!

**Sagen Sie:** Ich brauche dieses und jenes, um glücklich zu sein.
**Und nicht:** Ich bin todunglücklich.
**Denn:** Wenn wir keine Möglichkeit sehen, wie wir etwas kitten können, gehen wir davon aus, dass es endgültig kaputt ist.

**Sagen Sie:** Ich muss wissen, ob du den nächsten Schritt mit mir gehen möchtest.
**Und nicht:** Entweder gehen wir den nächsten Schritt, oder es ist vorbei.
**Denn:** Eine Entscheidung zu fordern, funktioniert besser, als ein Ultimatum zu stellen.

geergebnisse). Und wir Männer? Tja, ganz egal, welchen fatalen Fehler wir an einer Frau feststellen, wir gehen der Diskussion lieber aus dem Weg.

Was es mit der »Es liegt nicht an dir, es liegt an mir«-Formulierung tatsächlich auf sich hat, liegt deshalb auf der Hand: Er lügt. Wenn er sich tatsächlich eine Zukunft mit Ihnen vorstellen könnte und Sie den Schlüssel zu seiner Seele gefunden hätten, würden weder irgendwelche Expartnerinnen noch sein Beruf, noch sonst irgendetwas eine Rolle spielen. In diesem Fall lassen wir nämlich sämtliche Ausreden fallen und geben alles, damit es funktioniert.

**MYSTERIUM MANN**

**24 Prozent der befragten Männer würden unter Umständen eine einmalige Zahlung von ihrer Ehefrau annehmen, um sich scheiden zu lassen.**

Tommy, 30, Verkaufsleiter aus Wisconsin, machte nach einer dreijährigen Beziehung eine unschöne Trennung durch – mit einer langwierigen Auseinandersetzung darüber, wer was bekommt. Nachdem seine Freundin mit ihm Schluss gemacht hatte, nahm er sich vor, den Ball in Zukunft flach zu halten, nur unverbindliche Beziehungen einzugehen und sich nicht wieder fest zu binden. »Ungefähr drei Monate nach meiner langen Beziehung lernte ich über einen Freund eine Frau kennen, und es hat sofort klick gemacht«, sagt er. »Eigentlich war ich noch gar nicht bereit für eine neue Beziehung, aber sie hat mich einfach umgehauen. Letztendlich habe ich sie sogar geheiratet.« Das wäre der perfekte Zeitpunkt für die »Es liegt nicht an dir«-Ausrede gewesen, aber wie in den meisten Fällen, lag es doch an *ihr*, und er konnte beim besten Willen nicht ohne sie sein.

Aus der Sicht von Männern ist jede Trennung hart – unabhängig davon, wer von beiden einen Schlussstrich zieht. Und eine sanfte, respektvolle Formulierung ist wie ein Boxhandschuh auf einer Faust. Wenn man nicht auf den Schlag vorbereitet ist, tut er zwar weh, aber die Wucht wird dadurch hoffentlich gemildert.

## Warum machen Männer aus heiterem Himmel mit Frauen Schluss?

»Ich war zwei Jahre lang mit einem Mann zusammen. Wir hatten einige Schwierigkeiten. Da wir in verschiedenen Städten arbeiteten, sahen wir uns nicht besonders oft. Als ich ihm gegenüber erwähnte, dass es nicht mehr so gut läuft wie früher, antwortete er völlig unerwartet, dass er keine gemeinsame Zukunft für uns sehe. Er möge mich zwar, sei aber nicht bereit, den nächsten Schritt zu machen. Er muss das schon lange gewusst oder zumindest darüber nachgedacht haben. Warum hat er uns beiden nicht Zeit und Schmerz erspart, indem er es mir schon ein Jahr früher gesagt hat?«

**MYSTERIUM MANN**

**21 Prozent der befragten Männer halten ständig nach etwas Besserem Ausschau, während sie eine Beziehung haben.**

Ich würde jetzt gerne behaupten, dass der Grund dafür möglicherweise der ist, dass er es satthat, immer der Initiator zu sein, wenn es um die Beziehung geht (also das erste Date zu initiieren, den Sex zu initiieren, etc.). In Wirklichkeit ist es allerdings so, dass auch böse Typen keine bösen Typen sein möchten – und deshalb große Schwierigkeiten haben, etwas zu artikulieren, das ihnen als Schlussmachen ausgelegt werden könnte. Da sie nicht als der Fiesling, der Betrüger, der Grobian oder der unsensible Mistkerl dastehen möchten, der die Beziehung ruiniert hat, ist es einfacher für sie, bei Gelegenheit mit einem Volley zu retournieren, als selbst aufzuschlagen.

**Was es zu bedeuten hat, wenn …**

***… er sagt, er sei noch nicht bereit, sich zu binden:***
Sie sind nicht die Richtige. Wenn Sie die Richtige wären, wäre er bereit, sich zu binden, auch wenn er noch nicht bereit ist.

***… sein bester Freund eine Frau ist:***
Akute Gefahr! Nicht unbedingt deshalb, weil er ein Bett mit ihr teilen möchte, sondern deshalb, weil er vermutlich andere Dinge mit ihr teilen möchte – Einzelheiten über Sie.

»Sie wissen doch, wie es ist, wenn man den Job wechselt. Die ehemaligen Kollegen sollen bedauern, dass man nicht mehr da ist«, sagt George, 34. »Man möchte das Gefühl haben, noch immer begehrt zu sein. Mit Frauen ist es genau dasselbe. Es geht nicht darum, keine Brücken einzureißen, damit man wieder zurückkehren kann, wenn man möchte. Man will in guter Erinnerung bleiben, wenn sie an einen denkt oder mit ihren Freundinnen über einen spricht.« Mit anderen Worten: Männer möchten die Beziehung zwar nicht weiterführen, sehnen sich jedoch danach, ein Vermächtnis zu hinterlassen.

## Warum trifft er sich regelmäßig mit mir, wenn er angeblich noch nicht bereit für eine neue Beziehung ist?

»Ich habe vor ein paar Wochen einen Mann kennengelernt. Er gefällt mir, wir haben Spaß miteinander, verstehen uns gut und haben bereits ein paar Mal miteinander geschlafen. Unge-

### Frau fragt sich

»Er erzählt mir in allen plastischen Details von seinem Stuhlgang, seinen eingewachsenen Achselhaaren und seinen gelben Zehennägeln, aber wenn ich erwähne, dass ich eine Hefepilzinfektion habe, schreit er ›Igitt‹ und fasst mich einen Monat lang nicht mehr an. Warum fällt es ihm so schwer, über alle Aspekte meines Körpers zu sprechen?«

Sie haben ebenfalls Stuhlgang, Achseln und Zehennägel, deshalb geht er davon aus, dass Sie sich – auch wenn Sie es vielleicht nicht zugeben – mit dem, wovon er spricht, identifizieren können. Das Einzige jedoch, was er über Hefe weiß, hat etwas mit Bier zu tun.

fähr beim sechsten Date hat er mir eröffnet, dass er gerade eine schwierige Trennung hinter sich habe und er sich nicht sicher sei, ob er mit mir eine feste Beziehung eingehen wolle. Er finde mich zwar toll, aber bei ihm im Kopf sei alles durcheinander. Ich habe nicht mit ihm diskutiert, doch ich habe es satt, mir diesen Mist anhören zu müssen. Warum schiebt er seinen Kopf als Ausrede dafür vor, dass er die Beziehung mit mir nicht fortsetzen möchte?«

Okay, nehmen wir mal an, er besucht dieses tolle neue Restaurant – ein Laden, der cool, angesagt und in aller Munde ist. Als er das erste Mal dort essen geht, probiert er etwas, das ihm schmeckt. Er geht wieder hin, ist diesmal jedoch weniger begeistert. Also bestellt er beim nächsten Mal etwas anderes, und dann wieder etwas anderes, und irgendwann kommt er zu dem Schluss, dass ihm das Restaurant doch nicht zusagt. Der Grund für diese Ausrede ist folgender: Er findet Sie zwar nett, intelligent und attraktiv, doch nach seinem Geschmack servieren Sie nicht die richtigen Gerichte. Das bedeutet nicht, dass andere Leute das Restaurant nicht mögen, genauso wenig bedeutet es, dass Sie es nicht wert sind, geöffnet zu haben. Es bedeutet nur, dass Sie sich nicht die Mühe geben sollten, ihn zu Ihrem Stammgast zu machen.

## Warum nehmen Männer Reißaus, sobald die Beziehung in Fahrt kommt?

»Ich war ungefähr anderthalb Monate mit einem Mann zusammen, als die Sache langsam ernst wurde. Wir sahen uns mehrmals in der Woche, und es war offensichtlich, dass wir endlich einmal darüber sprechen mussten, wie unsere Beziehung weitergehen soll. Ich dachte, es würde gut laufen, doch dann hat er mir aus heiterem Himmel eröffnet, dass er noch nicht bereit sei, sich fest zu binden. Warum hat er kalte Füße bekommen?«

Weil wir Angst davor haben, festgenagelt zu werden – auch wenn Sie nicht den Hammer schwingen. »Frauen, die so argwöhnisch sind, dass sie einen am liebsten an die Leine nehmen

### Er hat gesagt …

Was sollten verheiratete Männer, die von ihrer Frau eine einmalige Zahlung akzeptieren würden, um sich scheiden zu lassen, konkret verlangen?

| | |
|---|---|
| Nichts: | 12 Prozent |
| Nur die Umzugskosten: | 22 Prozent |
| $ 10 000: | 15 Prozent |
| $ 100 000: | 18 Prozent |
| $ 1 000 000: | 33 Prozent |

möchten, wissen gar nicht, wie abtörnend das ist. Im Grunde genommen geben sie einem damit nämlich zu verstehen, dass sie bestimmen möchten, wohin die Beziehung führt«, sagt Laurence, 27. Dasselbe gilt auch nachdem wir beschlossen haben, uns an Sie zu binden. Der Unterschied besteht allein darin, dass später nicht deshalb Druck auf uns ausgeübt wird, damit wir uns binden, sondern damit wir Leistung erbringen – nicht im Bett, sondern als guter Vater, Ehemann, Schwiegersohn, Müll-Hinausbringer, Automechaniker, Geldverwalter, Mit-dem-Dachdecker-Verhandler, Computerexperte, DVD-Rekorder-Programmierer und so weiter. Dabei stört es uns keineswegs, all diese Dinge zu tun, sondern sie unter Ihrer strengen Beobachtung zu tun, während wir uns davor fürchten, zu versagen.

»Es spielt überhaupt keine Rolle, was ich tue«, sagt Brandon, 45. »Ob ich Schnee schippe, ob ich bei meinem Auto einen Ölwechsel mache oder ob ich online Rechnungen bezahle – meine Frau kennt immer eine bessere Methode. Ich weiß, dass sie mir nur helfen will, indem sie mir Vorschläge unterbreitet, aber ihr ist nicht bewusst, wie lästig es ist, wenn alles, was man tut, in Frage gestellt wird.«

## Männlichkeit gemeistert:

### *Was Sie jetzt über Männer wissen*

- Wenn wir unter einem Vorwand mit Ihnen Schluss machen, liegt es daran, dass wir Sie nicht mehr *so* gerne haben, aber keine Notwendigkeit sehen, es Ihnen ins Gesicht zu sagen.

- Die Guten sind nicht die Einzigen, die als solche in Erinnerung bleiben möchten.
- Wenn wir der Richtigen begegnen, spielt es keine Rolle, wie durcheinander wir sind. Wir finden schon einen Weg, wie wir aufräumen können, und zwar im Eiltempo.

## Was Sie heute Abend sagen sollten!

Das Heißeste, was Brett, 33, jemals von einer Frau gesagt bekommen hat:

»Das musst du anderen Männern beibringen.«

Das Heißeste, was Ashley, 26, jemals zu einem Mann gesagt hat:

»Wie sehr willst du es?«

## 22. Warum erzählt er nicht, wie sein Tag war?

*Warum sind Männer so mürrisch, wenn Sie von der Arbeit nach Hause kommen? Ganz einfach: Sie brauchen nun mal länger, um herauszufinden, wie es ihnen geht. Hier bekommen Sie einen Schnellkurs, wie Sie Ihrem Partner Zugang zu seinem wahren Ich verschaffen*

**Männer, wie sieht eurer Arbeitstag normalerweise aus?**

| | |
|---|---|
| *Stress ohne Pause, rund um die Uhr – ich denke sogar beim Einschlafen an die Arbeit:* | 9 Prozent |
| *Hart, aber nachdem ich mich zu Hause ein bisschen entspannt habe, geht es mir wieder besser:* | 20 Prozent |
| *Anstrengend, aber bis ich zu Hause ankomme, ist die Anspannung verflogen:* | 53 Prozent |
| *Ziemlich locker, und zu Hause bin ich in der Regel bereit, mich zu amüsieren:* | 18 Prozent |

Möchten Sie einen Einblick bekommen, was im männlichen Gehirn werktags um 18.45 Uhr tatsächlich vor sich geht? Okay: *Hallo, Schatz, ich bin wieder zu Hause. Ja, bei der Arbeit ist es gut gelaufen. Also, als Erstes möchte ich jetzt diese Hosen ausziehen und in die Shorts schlüpfen, dann möchte ich mich auf die Toilette setzen und Zeitung lesen (weil ich heute noch für keines von beidem Zeit hatte). Wenn ich fertig bin, würde ich gern einen Teller von dem Chili essen, das du gerade gemacht hast, und zwar vor dem Fernseher, weil jetzt nämlich die Wiederholung von* King of Queens *anfängt. Komm doch in einer Stunde oder so zu mir ins Wohnzimmer, dann können wir Neuigkeiten austauschen.*

Wir wissen, wie sehr Sie sich wünschen, dass wir Ihnen von den vergangenen zwölf Stunden berichten, und ja, wir haben Sie vermisst, während wir weg waren. Doch Arbeit, wie Sie sehr gut aus eigener Erfahrung wissen, gleicht einem Bombardement mit E-Mails, Schriftstücken, Beschwerden, Anweisungen, Gejammer, Zeitdruck und Terminen und hält mehr widerlich stinkenden Mist bereit als ein ganzer Zoo. Wir gehen nur anders damit um als Sie. Was im Büro passiert, bleibt nicht ohne Grund im Büro.

»Manchmal möchten wir nicht über unsere Probleme sprechen«, sagt Trey, 34, IT-Berater aus Michigan. »Wir bauen Stress auf andere Weise ab. Hin und wieder müssen wir einfach auf andere Gedanken kommen.« Hier sind einige Beispiele dafür, was Männer gerne tun, wenn sie von der Arbeit nach Hause kommen:

14 Prozent schalten den Fernseher ein.

14 Prozent checken ihre E-Mails.

12 Prozent essen etwas.

10 Prozent verschwinden auf der Toilette.

9 Prozent spielen mit ihren Kindern.

5 Prozent gehen ins Fitnessstudio.

Nur jeder zehnte Mann möchte sich unterhalten, wenn er von der Arbeit nach Hause kommt – was bedeutet, dass 90 Prozent von uns alles andere lieber tun. »Meine Frau war früher berufstätig, aber seit wir Kinder haben, bleibt sie zu Hause«, berichtet der Finanzanalyst Jake, 36. »Wenn ich abends zur Tür herein-

### Sagen Sie dies, nicht das!

**Sagen Sie:** Ich bin so froh, endlich zu Hause zu sein!
**Und nicht:** Die Arbeit war heute furchtbar, und ich habe schon den ganzen Tag schlechte Laune.
**Denn:** Genau wie Sie möchte er versichert bekommen, dass Sie sich freuen, ihn zu sehen.

**Sagen Sie:** Lass uns Nachos essen und Fernsehen schauen.
**Und nicht:** Du wirkst gestresst. Was war heute los?
**Denn:** Nach einem schlechten Tag sehnt er sich nicht nach Konversation, sondern nach etwas zu essen und nach Entspannung.

**Sagen Sie:** Dein Boss ist ein Idiot.
**Und nicht:** Dein Boss hat recht.
**Denn:** Er braucht Sie auf seiner Seite.

komme, fragt sie mich immer, was bei der Arbeit passiert ist. Wenn ich dann ›Nichts‹ sagte oder ihr keine Einzelheiten nenne, wird sie sauer. Ich habe ihr schon oft erklärt, dass mein Job das Letzte ist, worüber ich nach Feierabend reden möchte. Sie dagegen möchte erfahren, was in der wirklichen Welt passiert, nachdem sie den ganzen Tag bei den Kindern ist. Doch um ehrlich zu sein, habe ich dazu nach einem langen Arbeitstag meistens einfach keine Lust. Ich möchte mit den Kindern spielen, in der Einfahrt ein paar Körbe werfen und in Ruhe zu Abend essen.«

Der Grund dafür? Wir brauchen Zeit, um abzuschalten, zu entspannen und nicht mehr an Zahlen, Fakten und interne Machtkämpfe zu denken. Aaron, 29, Projektleiter in einer Großdruckerei in Virginia, sagt: »Bei einem früheren Job hatte ich einen Anfahrtsweg von über einer Stunde, und wenn ich nach Hause kam, wartete meine Freundin schon darauf, essen zu gehen und sich zu unterhalten. Ich wollte mich nur 20 Minuten entspannen, aber sie meinte, ich hätte im Auto genug Zeit, um abzuschalten. Ich habe versucht, ihr zu erklären, dass Pendeln nichts mit Abschalten zu tun hat, weil ich dabei noch einmal meinen Arbeitstag Revue passieren lasse und mir überlege, was ich morgen zu tun habe. Ich brauche danach einfach Zeit zum Entspannen.«

Geben Sie uns bitte diese Zeit. Sobald wir aufhören können, über unseren Arbeitstag nachzudenken, sind wir gerne bereit, Ihnen davon zu berichten. Wenn wir nach Hause kommen, soll unser Job nur noch ein Teilzeitjob sein – Überstunden kommen nicht in Frage.

## Was es zu bedeuten hat, wenn …

***… er in Bezug auf Heiraten nicht in die Gänge kommt:***

Wenn er ausweicht, gibt es vermutlich vieles, was er an Ihnen mag, und er möchte nicht, dass die Beziehung endet. Doch er vermutet, dass mit »die Zeichen stehen auf ja« jemand anderer gemeint sein könnte.

***… er Ihnen ein Elektrogerät zum Geburtstag schenkt:***

Falls er Ihnen irgendetwas Praktisches schenkt, ist ihm vielleicht nicht bewusst, wie unromantisch Sie das finden – er selbst weiß nützliche Geschenke nämlich durchaus zu schätzen. Wenn Sie immer frieren, ist ein Heizlüfter in seinen Augen das Äquivalent zu zwei Dutzend langstieligen Rosen.

***… er nach einem Jahr noch immer mit seiner Ex befreundet ist:***

Sehen Sie es positiv, und betrachten Sie es als Zeichen dafür, dass er ein guter Mensch ist. Seine Exfreundin stellt keine Bedrohung für Sie dar. Wenn die Trennung bei ihr keinen bleibenden Schaden hinterlassen hat, stehen die Chancen gut, dass er erstens erwachsen genug ist, um Beziehungen reifen zu lassen, dass er seine Ex zweitens in der Beziehung vermutlich gut behandelt hat und dass er sie drittens nicht betrogen hat – alles positive Aspekte.

## Wie bringe ich ihn dazu, mehr zu erzählen?

»Falls ich meinen Mann noch einmal ›gut‹ sagen höre, wenn ich ihn frage, wie sein Tag war, flippe ich aus. Kann er mir denn nicht wenigstens ein oder zwei Geschichten über seinen Arbeitstag erzählen? Ich muss ihm alles aus der Nase ziehen. Er kommt nach Hause und möchte essen, ohne mich einzuweihen, was bei ihm so passiert ist. Was kann ich tun, um ihn dazu zu bringen, mir ein bisschen mehr zu erzählen?«

**MYSTERIUM MANN**

**16 Prozent der befragten Männer betrachten »Hausfrau« als idealen Beruf für ihre Ehefrau.**

»Wissen Sie, wann ich mich am liebsten über meinen Job unterhalte? Während *Superstar* im Fernsehen läuft. Die Kinder sind im Bett, wir sitzen zusammen auf dem Sofa, und ich weiß, dass ich meine Geschichten in die zweiminütigen Werbepausen quetschen muss«, sagt Karl, 33. Ich bin der Meinung, dass man sogar schweigsame Typen dazu bringen kann, wie ein Wasserfall zu reden.

Zunächst einmal sollten Sie ihm nicht die ultimative Stimmungstöter-Frage stellen: »Wie war dein Tag?« Ein guter Interviewer stellt spezifische Fragen, die spezifische Antworten zutage fördern. Wenn Sie ihn also mit »Wie war dein Tag?« oder »Ist bei der Arbeit irgendwas passiert?« löchern, wird er ganz bestimmt keinen zehnminütigen Monolog über die Saga vom abgestürzten Server vom Stapel lassen. Warten Sie stattdessen, bis er es sich gemütlich gemacht, eine Flasche geöffnet und sich entspannt hat. Erinnern Sie sich dann daran, was er

**Frau fragt sich**

»Er sammelt Videospiele und Baseballmützen, behauptet aber, dass er nicht versteht, weshalb ich mir so viele Schuhe kaufe. Warum erkennt er die Parallele nicht?«

Weil Videospiele und Baseballmützen weniger als 20 Kröten kosten, nicht kaputtgehen, und wir sie viel öfter als nur ein oder zwei Mal benutzen.

Ihnen vor ein paar Wochen über seinen Boss, einen Kollegen oder das neue Projekt, an dem er gerade arbeitet, erzählt hat. Spezifische Fragen führen zu Antworten. Verallgemeinernde Fragen führen zu Stöhnen.

## Warum nimmt er sich nicht die Zeit, mit mir zu telefonieren, wenn er im Büro ist?

»Der Mann einer Freundin von mir ruft sie täglich zwei bis drei Mal von der Arbeit aus zu Hause an, um sich zu melden. Er erkundigt sich, ob alles in Ordnung ist, oder erzählt ihr, was bei ihm gerade los ist. Und mein Mann? Der schickt mir höchstens hin und wieder eine E-Mail oder eine SMS, wenn ich irgendwas für ihn besorgen soll. Und wenn ich ihn anrufe, was ich einmal am Tag mache, ist er nie bei der Sache und versucht jedes Mal, das Gespräch so schnell wie möglich zu beenden. Ich erwarte gar nicht, dass er alles stehen und liegen lässt und sich stundenlang mit mir unterhält. Ich möchte nur, dass er sich ab und zu bei mir meldet. Ist es aussichtslos, wenn ich mir wünsche, dass er während der Arbeit an mich denkt und mich auf dem Laufenden hält, was bei ihm los ist?«

Männer gehen in ihrem Job oft völlig auf – und sind multitaskingfähig wie ein sechsarmiger Jongleur. Sie sind mit ihren Gedanken ganz und gar bei den Aufgaben, die sie zu erledigen haben, auf ihrem Laptop-Bildschirm sind 16 Fenster geöffnet, und in zwölf Minuten beginnt die nächste Besprechung. Falls Sie ihn zu einem solchen Zeitpunkt anrufen – und ihn auf dem falschen Fuß erwischen –, kommt er aus dem Konzept, verpasst seinen Einsatz und wird aus der Bahn geworfen. Es tut mir leid, Ihnen das so deutlich sagen zu müssen, aber wenn er tatsächlich gerade völlig in seinem Job aufgeht, denkt er nicht daran, dass er sich eigentlich bei Ihnen melden sollte.

**MYSTERIUM MANN**

**17 Prozent der befragten Männer behaupten, dass ihre Partnerin sich am häufigsten über die Tatsache beklagt, dass sie zu viel arbeiten.**

»Meine Freundin beschwert sich ständig darüber, dass ich sie untertags nicht anrufe, um Hallo zu sagen. Das liegt nicht daran, dass ich nicht möchte – ich habe einfach nicht so viele Verschnaufpausen. Und wenn sie mich anruft, kommt es mir so vor, als wäre es immer im ungünstigsten Moment«, sagt Vincente, 32. Wie bringen Sie ihn dazu, dass er sich bei Ihnen meldet? Indem sie aufhören, sich bei ihm zu melden. Er ist in dieser Hinsicht unter anderem deshalb nicht aktiver, weil er weiß – bewusst oder unbewusst –, dass die Anrufe von Ihnen ausgehen. Im Grunde genommen ist die Philosophie dieselbe wie in der Kennenlernphase: Wenn Sie möchten, dass er hinter Ihnen her ist, sollten Sie sich zurückziehen.

## Wie bringe ich ihn dazu, dass er sich öffnet und lockerer wird?

»Ich weiß, dass mein Freund im Job eine Menge Stress hat. Er ist Anwalt und arbeitet zwölf bis dreizehn Stunden am Tag. Ich sehe, wie erschöpft er ist, und würde ihm gerne helfen. Allerdings weiß ich, dass er alles in sich hineinfrisst, und ich habe Angst, dass er sich selbst kaputtmacht, wenn er es nicht hin und wieder rauslässt. Irgendwelche Vorschläge?«

Sie meinen abgesehen von einem eisgekühlten Martini und nächtlichen Rückenmassagen? Okay, wie wär's mit einem eisgekühlten Martini und nächtlichen Rückenmassagen? »Ich habe gerade die schlimmste Phase meines bisherigen Berufslebens hinter mir. Es waren so viele Projekte fällig, dass ich nicht mehr wusste, was ich zuerst erledigen soll. Innerhalb von ungefähr zehn Tagen habe ich drei Nächte durchgearbeitet, und ich weiß, dass ich zu Hause unausstehlich war«, sagt David, 33. »Meine Frau hat die Sache toll gemeistert. Sie wusste, dass ich eine Menge Stress hatte. Sie hat alles erledigt, ohne mich jemals auf die Arbeit anzusprechen, weil ihr klar war, dass es alles nur noch schlimmer gemacht hätte. Sie hat in ihrem eigenen Job gearbeitet, hat sich allein um die Kinder gekümmert und war sogar ein paar Mal bereit, mit mir zum Stressabbau ins Bett zu gehen. Als ich nur noch einen oder zwei Tage vor mir hatte, habe ich ihr gesagt, dass ich das Schlimmste hinter mir hätte und mich langsam wieder entspannter fühlen würde.«

Wenn Männer im Job extremen Stress haben, möchten sie nicht reden – sondern arbeiten. Oder sie möchten an die Arbeit denken und daran, wie sie ihr Stresslevel ein paar Stufen herunterschrauben können. Sobald sie den Punkt erreicht haben, an dem sie im Job einen Gang zurückschalten können, werden sie bei der Kommunikation einen Gang hochschalten.

## Männlichkeit gemeistert:

### *Was Sie jetzt über Männer wissen*

- Wenn wir nach Hause kommen und Sie uns als Erstes fragen, was bei der Arbeit los war, dann war garantiert nichts los. Wenn Sie uns dieselbe Frage dagegen ein bis zwei Stunden später stellen, war sogar eine ganze Menge los.
- Während der zwölf Stunden, die wir arbeiten, kommen wir uns vor wie ein Profifußballer, um den sich alle reißen. Wenn wir nach Hause kommen, wünschen wir uns daher, dass sich 20 Minuten lang niemand um uns reißt.
- Zu Hause sprechen wir lieber über die Hinterhältigkeit, die Lügen, die Intrigen und die Rangeleien im *BigBrother*-Haus als über die bei uns im Büro.

## Was Sie heute Abend sagen sollten!

Das Heißeste, was Will, 30, jemals von einer Frau gesagt bekommen hat:

»Ich glaube zwar nicht, dass wir meine Eltern aufwecken werden, aber lass es uns wenigstens versuchen.« (Während eines Besuchs bei ihrer Familie.)

Das Heißeste, was Rena, 29, jemals zu einem Mann gesagt hat:

»Ich werde dafür sorgen, dass du weiche Knie bekommst.« (Während sie ihm die Hosen auszog.)

# 23. Was wünschen sich Männer wirklich im Bett?

*Wie Sie die perfekte Balance zwischen vorhersehbar und unberechenbar finden*

**Männer, was würdet ihr gerne einmal mit eurer Frau oder Freundin ausprobieren? (Mehr als eine Antwort möglich.)**

| | |
|---|---|
| *Sexspielzeug:* | 79 Prozent |
| *Pornofilme ansehen:* | 78 Prozent |
| *Sex in der Öffentlichkeit:* | 77 Prozent |
| *Sich selbst beim Sex filmen:* | 69 Prozent |
| *Fesselspiele:* | 67 Prozent |
| *Rollenspiele:* | 67 Prozent |
| *Gegenseitige Intimrasur:* | 66 Prozent |
| *Flotter Dreier:* | 55 Prozent |
| *Swingen oder Partnertausch:* | 24 Prozent |

Manchmal können Männer ihre sexuelle Zukunft vorhersagen wie Meteorologen das Wetter. Sie wissen ziemlich genau, wann sie mit sexuellem Sonnenschein zu rechnen haben und wann alle Geschäfte wegen eines heftigen Schneesturms schließen. Manchmal haben sie allerdings keine Ahnung, was auf sie zukommt: Vielleicht fällt ihr Date einem Regenschauer zum Opfer, oder es prasselt etwas anderes auf sie nieder, mit dem sie niemals gerechnet hätten.

Beide Aspekte – das Vorhersehbare und das Unvorhersehbare – dienen nur einem Zweck. Der vorhersehbare Sex dient der Stresslinderung – und unserem Wohlbefinden –, weil wir wissen, dass wir nicht jedes Mal eine doppelte Überstundenschicht in Sachen Verfolgung und Verführung einlegen müssen, um ihn zu bekommen. (Das Wissen, dass wir keinen Sex haben werden, bewirkt in gewisser Weise dasselbe, da es bedeutet, dass wir eine ganze Nacht Schlaf bekommen.)

Curtis, 33, Naturwissenschaftslehrer an einer Highschool, erzählt, dass er und seine Frau in die Routine verfallen seien, jeden Freitagabend und jeden Sonntagmorgen miteinander zu schlafen. »Ich nehme an, dass es vielen Leuten nicht gefällt, wenn Sex einem planmäßigen Treffen gleicht, ich dagegen sehe das anders. Wenn ich am Freitag in dem Wissen aufwache, dass wir am Abend miteinander ins Bett gehen, beginnt für mich eine Art mentales Vorspiel, obwohl wir noch nicht einmal darüber gesprochen haben. Die Vorfreude steigert sich, weil ich im Lauf des Tages immer wieder daran denke, was wir später tun werden.«

Auf der anderen Seite ist unvorhersehbarer Sex genau das, was wir spannend finden – und gehört zu den Dingen, die wir an unserer Beziehung mit Ihnen besonders schätzen. Nachdem 21 Prozent der befragten Männer angeben, dass sie sich für ihr Sexleben am ehesten »mehr Experimentieren« und »mehr Abwechslung« wünschen, besteht kein Zweifel daran, dass Männer Spontaneität schätzen – wie zum Beispiel einen unerwarteten Slip an der Türklinke. »Mein bestes Erlebnis war eine morgendliche Überraschung. Sie hat mich aufgeweckt, und wir haben sofort losgelegt«, sagt Jay, 32. Paul, 34, berichtet dagegen: »Das war an unserem ersten Hochzeitstag. Sie ist zu mir unter die Dusche gestiegen. Ich glaube, die Überraschung hat den Sex besonders denkwürdig gemacht.«

Geoff, 37, Golflehrer aus Nevada, hatte den denkwürdigsten

## Sagen Sie dies, nicht das!

**Sagen Sie:** Vielleicht sollten wir mal dieses Gleitmittel mit Geschmack ausprobieren, das ich heute gekauft habe. Ich weiß auch schon genau, wo ich es einsetzen möchte.
**Und nicht:** Unser Sexleben ist total langweilig. Wir müssen unbedingt irgendwas Neues ausprobieren.
**Denn:** Sie sollten Spannung nicht nur fordern, sondern auch selbst erzeugen.

**Sagen Sie:** Heute Abend *muss* ich schlafen, aber morgen Abend werde ich dir mit den Zähnen die Klamotten vom Leib reißen.
**Und nicht:** Ich bin nicht in der Stimmung.
**Denn:** Abgewiesen zu werden, ist immer hart – auch nach vielen Ehejahren.

**Sagen Sie:** Dein Penis ist riesig!
**Und nicht:** (Schweigen.)
**Denn:** Sie lieben ihn.

Sex mit seiner Frau auf dem Parkplatz eines Baseball-Stadions. »Wir wollten uns ein Spiel der Bravers in Atlanta ansehen und hatten die Rückbank aus unserem Van herausgenommen«, erzählt er. »Wir waren zwei Stunden vor Spielbeginn da, und sie hat vorgeschlagen, dass wir ›nach hinten gehen‹ sollen. Ich war ebenso überrascht wie schockiert. Sie hat mir die Hose heruntergezogen, mich oral befriedigt und ist auf mich geklettert, als ich auf dem Rücken lag. Unglaublich.«

Stephen, 25, Vertreter für Computersoftware, hatte nicht so viel Glück, als er und seine Frau herumexperimentierten. »Wir waren zu Besuch bei meinen Schwiegereltern. Es war Samstag, und die Vikings spielten gegen die Packers. Meine Schwiegereltern waren auf einer Party bei Nachbarn, wo sie sich das Spiel ansahen, also fingen meine Frau und ich an rumzumachen. Doch anscheinend hatte mein Schwiegervater zwischendurch beschlossen, nach Hause zu gehen, um die Bettwäsche zu wechseln. Wer zum Teufel tut so etwas während eines Baseballspiels? Er kam hereinspaziert, als ich gerade Sex mit seiner Tochter hatte – in seinem Haus, in seinem Arbeitszimmer.«

Stephen kann inzwischen über dieses Erlebnis lachen und ist der Meinung, dass er es vermutlich in besserer Erinnerung behalten hätte, wenn er die Sache zu Ende hätte bringen können. (»Oder wenn die Vikings gewonnen hätten«, sagt er.) Der Punkt ist jedoch, dass wir hin und wieder sexuelle Erfahrungen an Orten, zu Zeiten und mit Stellungen machen müssen, die neu für uns sind – solange es sich dabei nicht um das Arbeitszimmer Ihres Vaters handelt.

Der Computerspezialist Nathan, 33, bringt es auf den Punkt: »Männer wünschen sich nicht unbedingt gewagteren oder wilderen Sex. Ich glaube, wir möchten uns nur mehr zu unserer Partnerin hingezogen fühlen. Nicht sie langweilt uns auf Dauer, sondern ihr Äußeres. Sie sollte einfach für ein bisschen Abwechslung sorgen. Ändern Sie also Ihre Frisur, probieren Sie ein neues Make-up aus oder versuchen Sie, ihr Aussehen zu verbessern. Schon werden Sie feststellen, dass Ihr Partner wieder mehr Interesse an Ihnen hat. Das ist dasselbe wie bei den Tieren im Zoo. Um sie bei Laune zu halten, müssen

## Was es zu bedeuten hat, wenn …

***… er mit einem Auge zum Fernseher schielt, während Sie sich mit ihm unterhalten:***

Er weiß, dass es unhöflich ist, findet aber, dass es noch unhöflicher wäre, in diesem Moment zu sagen: »Nicht jetzt, Schatz, die letzten Minuten von *Die Simpsons* sind interessanter als das, was du zu sagen hast. Merk dir deinen Gedanken doch bitte kurz.«

***… er sagt, dass er sich nichts zum Geburtstag wünscht:***

Alles, was mit Elektronik, Sport oder Musik zu tun hat, ist genau richtig.

***… er sagt »drei oder vier«, wenn Sie ihn fragen, wie viele Biere er beim Ausgehen getrunken hat:***

Sechs oder sieben plus zwei Schnäpse.

**Frau fragt sich**

»Warum zieht er nicht öfter einen Anzug an, zumal er so gut darin aussieht und sich ganz offensichtlich auch wohl darin fühlt?«

Aus demselben Grund, weshalb Sie nicht gerne Nylonstrümpfe tragen. Wir tun es zwar, würden aber lieber in Flip-Flops, Cargo-Shorts und dem Atari-T-Shirt rumlaufen, das wir in einem Secondhand-Laden entdeckt haben.

hin und wieder Veränderungen in ihrem Gehege vorgenommen werden.«

## Wie bringe ich ihn in Fahrt, ohne es zu übertreiben?

»Ich hatte mit meinem neuen Freund inzwischen ein paar Mal Sex und würde nun gerne ein bisschen Gas geben, möchte aber nicht, dass er mich für zu erfahren hält. Wann ist ein guter Zeitpunkt, um ein paar … wertsteigernde Tricks im Schlafzimmer einzuführen? Und wie kann ich das tun, ohne dass er mich für einen Leder-und-Handschellen-Freak hält?«

Denken Sie einfach mal an den Unterschied zwischen einem Schrei und einem Flüstern. Während einige von uns zweifellos auf abgefahrenen, Verwandle-mein-Laufband-in-ein-Sexspielzeug-Sex stehen, bevorzugen andere eher subtilere Veränderungen. Julie, 28, erinnert sich an eine Situation, als ihr Freund Trauzeuge war. »Unmittelbar bevor er zum Altar schritt, habe ich mich zu ihm hinübergebeugt und ihm gesagt, dass ich jetzt gerne für einen Quickie nach hinten gehen würde und ich unter meinem ›kleinen Schwarzen‹ keine Unterwäsche anziehen konnte«, erzählt sie. »Er musste bei dem Brautpaar stehen bleiben, sah aber immer wieder zu mir herüber. Beim anschließenden Empfang konnte er kaum die Finger von mir lassen. Es war eine stundenlange Folter, bis ich meine verführerische Drohung endlich wahr machen konnte. Sie hat für eine unglaubliche Nacht gesorgt.« Das war die perfekte Mischung aus Vorfreude und Spannung: auf der einen Seite die Vorhersehbarkeit, weil er wusste, dass er bald Sex haben würde, auf der anderen Seite die Unvorhersehbarkeit der Art und Weise, wie er davon erfuhr.

## Warum denken Männer manchmal, sie hätten ein Recht auf Sex?

»Nach einer Hochzeitsfeier waren mein Mann und ich ziemlich betrunken – er noch etwas mehr als ich. Als wir in unserem Hotelzimmer waren, zog er sich aus und ließ sich aufs Bett fallen, als wäre es eine Selbstverständlichkeit, dass wir noch miteinander schlafen. Es hat mich irgendwie genervt, dass er automatisch davon ausging, Sex zu bekommen, nur weil wir nach einer Hochzeit in einem Hotelzimmer waren.

**Er hat gesagt ...**

Wie zufrieden sind Männer mit dem Sexualverhalten ihrer Partnerin?

| | |
|---|---|
| Extrem zufrieden: | 16 Prozent |
| Sehr zufrieden: | 26 Prozent |
| Zufrieden: | 26 Prozent |
| Einigermaßen zufrieden: | 23 Prozent |
| Überhaupt nicht zufrieden: | 9 Prozent |

Also ist an diesem Abend nichts gelaufen, und ich habe gemerkt, wie enttäuscht er war. Das hat mich dann erst so richtig auf die Palme gebracht – dass er so tat, als hätte er das Recht, sauer zu sein, weil wir keinen Sex hatten. Wie kommt er auf diese Idee?«

Im Grunde genommen weiß er, dass er niemals fest mit Sex rechnen sollte. Doch im angetrunkenen Zustand hat er wie ein Pawlow'scher Hund reagiert: Hotel? Bingo! Hochzeit? Bingo! Betrunken und lüstern? Bingo! Nachdem alles gepasst hat, ist er zu dem Schluss gekommen, dass es nur einen möglichen Ausgang des Abends geben kann: zwei nackte Körper aufeinander. »Eines Abends habe ich mit meiner Freundin zwei Flaschen Wein geleert«, sagt Tom, 30, Apotheker aus Massachusetts. »Danach war sie viel hemmungsloser als sonst. Sie hat unanständige Sachen gesagt, sie hat sich mehr bewegt, sie war voll bei der Sache. Das war gut, denn es bedeutete keine

Kompromisse, alles ist erlaubt, keiner macht einen Rückzieher. Wir waren beide voll damit beschäftigt, alles Nötige zu tun, um dem anderen unvergesslichen Sex zu bescheren.«

Es ist durchaus sinnvoll – insbesondere dann, wenn Alkohol im Spiel ist –, einem Mann reinen Wein einzuschenken, dass an diesem Abend nichts läuft.

## Wonach sehnen sich Männer im Bett wirklich?

»Ich weiß, dass Männer schon zufrieden sind, wenn sie überhaupt Sex bekommen – das behaupten sie zumindest immer. Aber was ist für Männer das Nonplusultra im Bett? Was befriedigt sie wirklich?«

**MYSTERIUM MANN**

**61 Prozent der befragten Männer sind der Meinung, dass ihre Partnerin in sexueller Hinsicht abenteuerlustig genug ist.**

Das ist von Mann zu Mann verschieden. Manche Männer stehen zum Beispiel auf anonymen Sex. »Mein bestes sexuelles Erlebnis hatte ich, als ich im Club Med arbeitete und eine Frau kennenlernte, die mich oral befriedigt hat, während ich bei Sonnenaufgang nackt am Strand lag. Ich hätte vor Freude singen können«, sagt Rich, 26. Andere Männer stehen auf gefühlsbetonten Sex. »Den besten Sex meines Lebens hatte ich, als meine Freundin und ich wortlos zur Sache kamen. Wir sind richtig miteinander verschmolzen, sodass alles wie von selbst ging, und anschließend waren wir beide völlig erschöpft«, erzählt Andrew, 38.

Der beste Sex aller Zeiten ist vermutlich eine Kombination aus wilder körperlicher Hingabe und tiefer emotionaler Verschmelzung. 62 Prozent aller Männer behaupten, sie hätten ihre besten sexuellen Erlebnisse dann, wenn sowohl eine körperliche als auch eine emotionale Verbindung stattfindet. William, ein 32-jähriger Bauunternehmer, bringt es auf den Punkt: »Der beste Sex, den ich jemals hatte, dauerte die ganze Nacht und war zur Hälfte animalisch und zur Hälfte emotional. Wir ließen uns beide gemeinsam völlig gehen.«

## Was ihn an seiner Frau oder Freundin im Bett stört, er ihr aber niemals sagen würde

- »Sie sollte mehr geben, als sie bekommt.«
- »Sie sollte hin und wieder die Initiative ergreifen.«
- »Sie hält sich zu sehr zurück. Ich merke ganz deutlich, dass ich eine religiöse Frau geheiratet habe. Abgesehen von unten liegen oder oben sitzen ist bei ihr nicht viel drin.«
- »Sie könnte aktiver sein. Nimm mich, Baby!«
- »Sie ist nicht gerade experimentierfreudig, weil sie der Ansicht ist, wenn man etwas tut, das man schon einmal mit jemand anderem getan hat, muss man in Gedanken bei diesem Menschen sein.«
- »Wir tun es zu oft auf dieselbe Art und Weise. Ich würde mich aber niemals beklagen, weil es trotzdem toll ist.«
- »Ich würde ihr niemals sagen, dass sie mich weniger antörnt

als eine Exfreundin, weil ich mein bestes Stück gerne noch eine Weile behalten möchte.«

- »Hab mehr Vertrauen in dein Aussehen.«
- »Wenn sie auf mir sitzt, bewegt sie sich wie ein Roboter.«
- »Mach mehr Geräusche.«
- »Ich habe Spaß daran, verschiedene Sachen auszuprobieren, möchte aber nicht, dass sie mich für seltsam hält.«
- »Sie sollte mehr Gas geben.«
- »Sie ist nicht mit so viel Feuereifer bei der Sache, wie ich es gerne hätte.«

## Männlichkeit gemeistert:

***Was Sie jetzt über Männer wissen***

- Tun Sie sexuelle Routine nicht als langweilig ab – zumindest nicht ihm gegenüber. Er weiß es nämlich zu schätzen, wenn er absehen kann, wann er wieder zum Zug kommen wird.
- Für einen Mann gibt es kaum etwas Schöneres als eine Überraschungs-Sexparty, die Sie für ihn geben.
- Körperliche Leidenschaft ist der Gin zum Tonic emotionaler Leidenschaft. Wir brauchen beides, um unsere Lust zu stillen.

## Was Sie heute Abend sagen sollten!

Das Heißeste, was Noah, 23, jemals von einer Frau gesagt bekommen hat:

»Ich möchte auf dir in den Sonnenuntergang reiten.«

Das Heißeste, was Natalie, 29, jemals zu einem Mann gesagt hat:

»Halt an. Ich will, dass du sofort mit mir schläfst.«

## 24. Was bewegt einen Mann zum Heiraten?

*Wie Sie seine romantische Ader anzapfen und seine Für-immer-und-ewig-Fantasien anfachen*

**Männer, könnt ihr euch vorstellen, eure derzeitige Freundin zu heiraten?**

| | |
|---|---|
| *Ja:* | 41 Prozent |
| *Nein:* | 14 Prozent |
| *Ich bin mir nicht sicher:* | 45 Prozent |

Vielleicht denken Sie, dass Männer mit Heiraten ebenso wenig anfangen können wie Kojak mit Haarfestiger. Oder dass Männer sich »*Another One Bites the Dust*« als Hochzeitsmarsch aussuchen würden. Oder dass Männer lebenslange Bindung als eine Art Horrorfilm betrachten: Erst sieht man den Ring, dann stirbt man.

Ich will Ihnen ein Geheimnis verraten: Männer lieben die Vorstellung zu heiraten.

Mag sein, dass es uns egal ist, ob der Hochzeitskuchen zwei- oder dreistöckig ist, ob die Einladungskarten mandel- oder vanillefarben sind oder ob die Brautjungfern ihr Haar hochgesteckt oder offen tragen (okay, offen ist uns lieber). Mag sein, dass wir keine Brautzeitschriften kaufen, uns keine Gedanken über die Länge der Schleppe machen und nicht darüber diskutieren wollen, welche Cousine mit der ehrwürdigen Aufgabe betraut werden soll, Blumenkind zu sein.

Aber wissen Sie was? Wir lieben Hochzeiten – vor allem dann, wenn es sich dabei um unsere eigene handelt.

»Der beste Tag in meinem Leben: Als mein Kind auf die Welt kam. Der zweitbeste Tag: meine Hochzeit. Ich habe mich blendend amüsiert (und dabei habe ich nicht einmal viel getrunken). Es war einfach toll, fast alle meine Freunde und Verwandten um mich zu haben.« – Brian, 28

»Es gibt nur wenige Gelegenheiten, bei denen man so sehr im Mittelpunkt steht wie bei seiner eigenen Hochzeit. Ja, es ist mir auf die Nerven gegangen, immer wieder die gleichen Fragen zu den Flitterwochen beantworten zu müssen, aber ohne jetzt wie eine Frau klingen zu wollen: Es war ziemlich cool, von allen angelächelt zu werden.« – Blake, 34

»Ich erinnere mich noch, dass eine Freundin von mir bei der Vorbereitung gesagt hat, eine Hochzeit sei eine einzige große Show, bei der jeder seinen Platz einnehme, seinen Job mache und auf die Bühne steige, damit das ganze Publikum ihn sehen kann«, sagt Tod, 27. »Sie hatte recht. Es war wie ein großes Konzert, und ich war die ganze Zeit high, weil alle mit solcher Begeisterung bei der Sache waren.«

»Unsere Band war klasse, und ich habe nie in meinem Leben so viel getanzt«, sagt Ed, 32. »Das mag komisch klingen, weil ich meine Frau sehr liebe, aber es war, als hätte ich den ganzen Abend einen Freibrief dafür gehabt, mich von attraktiven Frauen zum Tanzen auffordern zu lassen. Das hatte zwar nichts Sexuelles an sich, war aber trotzdem der Hammer.«

Genau wie beim Sex ist es in der Regel auch beim Heiraten so, dass Sie größeren Wert auf das Vorspiel legen, während sich unsere Aufmerksamkeit eher auf den Moment richtet, wenn wir Ihnen unseren … Ring auf den Finger schieben. Genau deshalb kommt es in der Vorbereitungsphase so oft zu Konflikten. »Meine Verlobte und ich haben uns ziemlich heftig wegen unserer Hochzeit gestritten«, sagt Kel, 30, Physiotherapeut aus Arizona. »Ihre Familie war für einen richtig formellen und traditionellen Empfang, während meine Familie eher ein informelles Fest bevorzugte. Ich glaube, es war sogar von einem hawaiianischen Luau die Rede, was meine Verlobte fast umgehauen hätte. Das Ganze fing an zu

## Sagen Sie dies, nicht das!

**Sagen Sie:** Du machst mich so glücklich!
**Und nicht:** Alle meine Freundinnen verloben sich.
**Denn:** Die Tatsache, dass alle anderen heiraten, ist ein denkbar schlechter Grund dafür, es ebenfalls zu tun.

**Sagen Sie:** Ich liebe dich. Und ich will ein Kind von *dir*.
**Und nicht:** Ich will ein Kind.
**Denn:** Er möchte das Gefühl haben, dass es um Sie und ihn geht und nicht um Sie und ein Kind.

**MYSTERIUM MANN**

**2982 US-Dollar geben amerikanische Männer im Durchschnitt für einen Verlobungsring aus (*MH*).**

eskalieren, und ich hätte am Ende die Wahl gehabt. Doch dann beschloss ich, dass die Hochzeitsplanung es nicht wert ist, sich den großen Tag vermiesen zu lassen. Also habe ich meiner Familie gesagt, dass die Braut in Zweifelsfällen das letzte Wort hat.«

Vermutlich liegt das Missverständnis zum Teil genau darin begründet. Nur weil wir fast allen Hochzeitsentscheidungen zustimmen, heißt das noch lange nicht, dass wir unsere Hochzeit als gewöhnlichen Samstagabend betrachten.

## Warum kümmert er sich nicht mehr um unsere Hochzeit?

»Ich erinnere mich noch, wie es war, als eine Freundin von mir geheiratet hat. Ihr Ehemann in spe war an allem beteiligt. Er hat geholfen, die Blumen, den Kuchen und alles andere auszusuchen. Es hatte den Anschein, als würde er sich richtig auf die Hochzeit freuen. Bei meinem Verlobten ist das genaue Gegenteil der Fall. Was ich ihn auch frage, seine Antwort lautet immer: »Ist mir egal« oder: »Wie du meinst.« Dabei möchte ich doch nur, dass er seine Meinung äußert und ein bisschen Interesse zeigt. Das wird einer der wichtigsten Tage in unserem Leben, und er benimmt sich, als würden wir den wöchentlichen Großeinkauf im Supermarkt planen. Hat er wirklich kein Interesse an den Details?«

Womöglich gibt er zwar keinen Kommentar zu Blumen und Kuchen ab, trotzdem sollten Sie seine Gleichgültigkeit gegenüber diesen Details nicht als Gleichgültigkeit gegenüber Ihrer Hochzeit missverstehen. »Bei unserer Verlobung habe ich mich zurückgehalten. Meine Philosophie war: das ist nicht mein Tag, sondern ihrer. Wenn Himbeer-Zuckerguss sie glücklich macht, wäre ich der Letzte gewesen, der widersprochen hätte«, sagt Daunte, 32. »Ich glaube, sie wollte, dass ich mich mehr an den Vorbereitungen beteilige, aber ich habe einfach so getan, als sei sie ein Lastwagen und ich ein Reh. Ich habe alles darangesetzt, ihr aus dem Weg zu gehen, um nicht überfahren zu werden.«

**MYSTERIUM MANN**

**82 Prozent der befragten Männer glauben, dass sie mit ihrer Frau zusammenbleiben, bis dass der Tod sie scheidet.**

Doch das Problem ist Folgendes: Männer möchten nicht wie Beiwerk zum perfekten Paar behandelt werden – indem sie bei den Vorbereitungen einfach nur daneben sitzen, ohne irgendetwas beizutragen. Bitten Sie ihn nicht, dabei zu sein, nur damit er dabei ist. Wenn er schon die Zeit investiert, um sich all die Optionen anzuhören, sollten Sie auch ein offenes Ohr für seine Meinung haben.

## Was es zu bedeuten hat, wenn …

***… er sagt »Keine bestimmte«, wenn Sie ihn nach seiner Lieblingsstellung fragen:***
Sie fangen im Stehen an, sich zu küssen, und ziehen sich dann, nach einigem Gefummle und weiterem Geküsse, gegenseitig aus. Sie begeben sich aufs Bett und befriedigen sich abwechselnd oral. Anschließend legt er sich auf Sie, später wechseln Sie mehrmals zwischen der Missionarsstellung und der Hundestellung. Schließlich setzen Sie sich auf ihn, damit er Ihren ganzen Körper sehen und Sie überall berühren kann, während Sie ihn mit Händen und Lippen bearbeiten können. Nicht dass er lange darüber nachgedacht hätte.

***… er Sie auf sich zerrt:***
Er hatte sein ganzes Leben lang die Kontrolle über den Joystick – über das Tempo und darüber, wie weit er im Spiel kommt. Es hat schon etwas besonders Spannendes an sich, die Kontrolle abzugeben und es Ihnen zu überlassen, die Steuerung in die Hand zu nehmen, die Knöpfe zu drücken und das Spiel in jede beliebige Richtung zu lenken.

***… er »Nein« sagt, wenn Sie ihn fragen, ob Pornografie ihn antörnt:***
Seine kleine Porno-Sammlung für Notfälle befindet sich im obersten Fach seines Wandschranks, links hinten in der Ecke in einem Karton unter den alten Steuerunterlagen.

## Wie besorgt sollte ich wegen seines Junggesellenabschieds sein?

»Ich kenne den besten Freund meines Verlobten, und ich weiß, was für ein Typ er ist. Deshalb habe ich auch keinen Zweifel daran, dass der Junggesellenabschied außer Kontrolle geraten wird. Ich mache mir keine Sorgen, dass mein Verlobter irgendetwas anstellen könnte, trotzdem gefällt mir die Vorstellung von einer Unmenge Tequila und Scharen halb nackter Frauen einfach nicht. Wie besorgt sollte ich sein? Und was haben Männer eigentlich von der letzten großen Sause?«

Sie sollten besorgt sein – wenn Sie seinen durchgeknallten besten Freund heiraten würden. Haben Sie jedoch Vertrauen in den Mann, den Sie heiraten werden, sollten Sie auch ein bisschen Vertrauen darin haben, dass er sich anständig benehmen wird. Sie müssen wissen, dass es bei einem Junggesellenabschied nicht nur um Brüste, Hintern und String-Tangas geht (obwohl er sich vermutlich über nichts davon beklagen wird). Es geht auch nicht darum, Sie absichtlich zu beunruhigen oder eifersüchtig zu machen. Und schon gar nicht darum, Tequila aus jemandes Bauchnabel zu trinken. Es geht vielmehr darum, dass er für ein paar Stunden der Star seiner Party ist, das ist alles. Erinnern Sie sich, wie viel Aufmerksamkeit und Zuneigung er Ihnen während der letzten zwölf oder 24 Monate oder wie lange Sie schon verlobt sind zuteilwerden ließ? Ihm wird nun dasselbe zuteil – mit dem Unterschied, dass es auf wenige Stunden beschränkt ist.

## Soll ich mit ihm zum Ringekaufen gehen?

»Einige meiner Freundinnen haben ihre Verlobten zum Ringekaufen begleitet. Ich finde das zwar schrecklich unromantisch, möchte aber nicht, dass er einen Ring aussucht, der nicht zu mir passt. Ich bin mir nicht sicher, ob er sich beim Aussuchen helfen lassen möchte oder ob er es allein machen will (vorausgesetzt, natürlich, wir schlagen diesen Weg ein). Wie kann ich ihm am besten helfen, ohne diesen Moment zu verderben, der einer der denkwürdigsten in meinem Leben werden soll?«

Es gibt eine bewährte Methode, mit der Bräute ihren Zukünftigen raffiniert manipulieren können: Sagen Sie Ihrer besten Freundin, was Sie sich wünschen, und sorgen Sie dafür, dass sie es ihm unauffällig beibringt. Männer wollen nicht unbedingt Entscheidungsträger sein, sie brauchen nur die *Illusion*, Entscheidungsträger zu sein. Wenn Sie ihm in einer Angelegenheit wie dieser offenkundig Vorschriften machen, zerstören Sie diese Illusion. Manipulieren Sie seine Entscheidung dagegen geschickt aus dem Hintergrund, geben Sie ihm damit eine willkommene Hilfestellung.

»Meine Freundin hat mir genau gezeigt, was für eine Art von Ring sie haben möchte, und das hat den Druck von mir genommen, weil ich diese Entscheidung weiß Gott nicht vermasseln wollte. Rückblickend muss ich allerdings sagen, dass es mir lieber gewesen wäre, wenn es eine echte Überraschung für sie gewesen wäre«, sagt Jackson, 38. Ihr Verlobter bekommt

**Frau fragt sich**

»Ich habe nichts gegen Pornografie, aber es stört mich, wenn er heimlichtuerisch damit umgeht. Warum lässt er mich nicht einfach an seinem Spaß teilhaben?«

Aus drei Gründen: Er findet es unglaublich unhöflich, sich andere nackte Frauen anzusehen, während Sie seine Brust küssen. Er kann sich nicht vorstellen, dass Frauen mit Körbchengröße Dreifach-E, die schreien wie Hyänen, Sie auch nur im Geringsten antörnen. Außerdem schlummern in einem finsteren Winkel seines Gehirns sexuelle Fantasien, die er lieber für sich selbst behalten möchte.

die Chance, das zu interpretieren, was Sie Freunden, Verwandten, Kindern und allen anderen erzählen. Geben Sie ihm genug Freiraum, damit das Richtige dabei herauskommt – für Sie beide.

## Männlichkeit gemeistert:

### *Was Sie jetzt über Männer wissen*

- Wenn Sie möchten, dass wir uns aktiv an der Hochzeitsplanung beteiligen, sollten Sie uns kein vorgefertigtes Skript mit allen Details vorlegen, bevor wir überhaupt anfangen, uns darüber zu unterhalten.
- Männer möchten so wenige Entscheidungen treffen wie mög-

lich. Schwimmen Sie in dieser Hinsicht einfach mit dem Strom, okay?

- Wir wünschen uns – und erwarten –, dass unsere Hochzeit eine einmalige Angelegenheit ist. Also lassen Sie es uns richtig machen. (Dasselbe gilt auch für die Flitterwochen.)

## Was Sie heute Abend sagen sollten!

Das Heißeste, was Randy, 35, jemals von einer Frau gesagt bekommen hat:

»Je veux coucher avec toi.« (»Ich will mit dir schlafen« auf Französisch.)

Das Heißeste, was Diana, 26, jemals zu einem Mann gesagt hat:

»Dein Hemd würde auf meinem Fußboden toll aussehen.«

# 25. Was wünschen sich Männer wirklich in der Liebe?

*Der wahre Grund, weshalb Männer über Jahrzehnte verliebt sind, und die simple Formel, mit der Sie für dauerhaftes Glück sorgen*

**Männer, wie oft hättet ihr gerne Sex?**

| | |
|---|---|
| *Zweimal im Monat oder seltener:* | 6 Prozent |
| *Einmal pro Woche:* | 9 Prozent |
| *Zweimal pro Woche:* | 22 Prozent |
| *Dreimal pro Woche:* | 27 Prozent |
| *Öfter als dreimal pro Woche:* | 38 Prozent |

**Und wie oft habt ihr Sex?**

| | |
|---|---|
| *Zweimal im Monat oder seltener:* | 58 Prozent |
| *Einmal pro Woche:* | 15 Prozent |
| *Zweimal pro Woche:* | 12 Prozent |
| *Dreimal pro Woche:* | 6 Prozent |
| *Öfter als dreimal pro Woche:* | 9 Prozent |

Wenn Rob, 34, Stipendienberater aus Pennsylvania, am Abend von der Arbeit nach Hause kommt, durchläuft er jedes Mal dieselbe Routine: Er zieht sich um, setzt sich hin, isst, sieht fern, geht zu seinem Computer. Eines Abends sorgte seine Frau Naomi für etwas Abwechslung. »Wir sahen gemeinsam fern«, erzählt Naomi, »dann stand ich auf, ging ins Bad und kam nackt zum Sofa zurück. Ich muss sexy ausgesehen haben, denn wir sahen auf einmal nicht mehr fern. Und zwar für den Rest des Abends.«

Rob hat das bekommen, was sich jeder Mann in einer langen Beziehung wünscht: eine Extrawurst. Die Tatsache, dass es sich in diesem Fall um eine sexuelle Extrawurst handelte, machte sie ihm besonders schmackhaft.

Die richtige Mischung aus Berechenbarkeit und Überraschung, die wir uns im Schlafzimmer erhoffen, soll auch für unser Leben in den übrigen Zimmern des Hauses gelten. In der Küche. Im Wohnzimmer. Im Badezimmer. (Okay, dort vielleicht eher nicht.) Wir wünschen uns eine Frau, die stark, berechenbar, klug und eine gute Mutter ist, die ihre Ziele leidenschaftlich verfolgt und die uns – und unseren zukünftigen Kindern – Stabilität vermittelt. »Jeder behauptet, Gewohnheit sei der absolute Beziehungstöter«, sagt Bryan, 30, der seit sechs Jahren verheiratet ist. »Möchten Sie wissen, wie unser Trott aussieht? Freitagabends sehen wir uns bei Pizza und Wein einen Spielfilm an. Samstagvormittags machen wir meistens eine längere Mountainbike- oder Wandertour, anschließend gehen wir ins Café um die Ecke für ein spätes Frühstück. Sonntagvormittags schlafen wir aus, falls man dabei von Schlafen sprechen kann. Nennen Sie es Routine, wenn Sie möchten, aber ich finde, es funktioniert ganz gut.«

Warum ist Routine so wichtig? Weil eine unberechenbare Frau meist auch eine verantwortungslose Frau ist – und an eine solche möchten wir uns nicht binden. Vielmehr möchten wir uns an eine Frau binden, die ihre Rechnungen pünktlich bezahlt, die sich für ihre Karriere und/oder Familie engagiert, die stabil genug ist, um uns zu stabilisieren. Dazu noch eine Prise Spontaneität und die Fähigkeit, (wohl überdachte) Bauchentscheidungen zu treffen, und schon haben wir die ideale Partnerin gefunden, die das Yin und Yang versteht, dessen es bedarf, um einen Mann zufriedenzustellen. Und zwar völlig.

**MYSTERIUM MANN**

**80 Prozent der befragten Männer denken, Liebe hält nicht ewig.**

## Woher weiß ich, was ihm zu gewagt ist?

»Ich bin mit meinem Freund seit über einem Jahr zusammen und habe Spaß daran, ab und zu für ein bisschen Pep zu sorgen. Ich wohne in New York, und eines Abends habe ich mich im Büro ausgezogen, bin in meinen Mantel geschlüpft, mit der U-Bahn zu ihm gefahren und mit einem Lächeln und einer Überraschung vor seiner Tür aufgetaucht. Anschließend hat mir mein Freund allerdings in belehrendem Tonfall erklärt, wie gefährlich die Aktion gewesen sei, dass ich es nicht hätte tun sollen und so weiter – fast so, als wäre er mein Vater. Tue ich ihm Unrecht, wenn ich mich darüber ärgere, dass er es nicht zu schätzen wusste, obwohl ich es eigentlich nur für ihn gemacht habe?«

Selbstverständlich gehen auch Männer gerne Risiken ein. »Wir haben es geschafft, auf Jamaika in einer Lagune Sex zu haben, am helllichten Tag und vor Hunderten von Leuten, ohne dabei erwischt zu werden«, schildert Braden, 23. Wenn die Beziehung jedoch schon ein Stück fortgeschritten ist, gilt es, zwischen einem guten und einem schlechten Risiko zu unterscheiden. Vermutlich sind ihm folgende Gedanken durch den Kopf gegangen: Was wäre gewesen, wenn Sie unterwegs erwischt worden wären? Was wäre gewesen, wenn irgendein Widerling versucht hätte, Sie zu befummeln? Was wäre gewesen, wenn Sie über ein Lüftungsgitter gegangen wären? Sie brauchen sich nicht allzu viele Sorgen zu machen: Er wusste den Gewinn durchaus zu schätzen, den ihm Ihr Risiko eingebracht

### Sagen Sie dies, nicht das!

**Sagen Sie:** Du möchtest mit 45 eine Rockband gründen? Cool!
**Und nicht:** Du möchtest mit 45 eine Rockband gründen? Lächerlich!
**Denn:** In einer Rockband zu spielen macht Spaß – und das Leben sollte Spaß machen, ganz egal, wie alt man ist.

hat, trotzdem finde ich seine Reaktion gut. Sie hat gezeigt, dass er ebenso sehr daran interessiert ist, Sie zu beschützen, wie er daran interessiert ist, Sie zu genießen.

## Wie verhindere ich Beziehungs-Trott?

»Ich habe zwei ziemlich lange Beziehungen hinter mir. Eine dauerte ungefähr ein Jahr, die andere drei Jahre. Jede Partnerschaft kommt irgendwann einmal an einen Punkt, an dem al-

### Was es zu bedeuten hat, wenn …

***… er Ihnen sein Passwort nicht verraten will:***
Womöglich testet er damit Ihr Vertrauen in ihn. Aber auch wenn er seiner Exfreundin keine E-Mails schreibt, wird er alles tun, um sein Passwort für sich zu behalten. Immerhin symbolisiert es für ihn seinen persönlichen Freiraum. Wenn Sie ihm zu sehr auf die Pelle rücken, wird er das Gefühl haben, erstickt zu werden. Letzten Endes wird er sowieso einen Weg finden, wie er Ihrem Griff entkommt.

***… er sagt, dass er ohne Sie nicht leben kann:***
Er hat zu viel Queen gehört.

***… er vom Leder zieht, nachdem Sie mit ihm Schluss machen:***
Er wird Sie in ein paar Wochen anrufen und um Vergebung bitten, nachdem er stundenlang Queen gehört hat.

les zum Trott oder zur Routine wird oder wie auch immer man es nennen mag. Mich interessiert, wie Männer darüber denken und was Frauen ihrer Meinung nach tun sollten. Ich bin inzwischen seit acht Monaten in einer neuen Beziehung und möchte nicht, dass mein Freund sich jemals mit mir oder unserer Routine langweilt.«

Routine ist etwas, was Sie mit Ihrem Cheerleader-Outfit tun. Aus dem Trott kommen wir, nachdem Sie es ausgezogen haben. Jetzt aber mal im Ernst: Es gibt tatsächlich so etwas wie eine gute Routine (Sex am Morgen kann zum Beispiel zur Gewohnheit werden, ohne dass sich irgendjemand darüber beklagt). Wenn man dabei allerdings in einen Trott verfällt, fühlt man sich leerer als der Teller eines Supermodels.

»Manchmal tut meine Freundin den ganzen Abend so, als wäre sie interessiert und erregt, aber dann wird sie wieder zum ›Kissenblümchen‹, sobald sie sich auszieht. Das nervt langsam«, sagt Pat, 32. Wenn Sie ernsthaft verhindern möchten, dass Ihre Beziehung in einen Trott verfällt, sollten Sie sicherstellen, dass er nie genau weiß, wann Sie das nächste Mal die Initiative ergreifen, im Wohnzimmer einen Striptease hinlegen oder ihn spontan in den Allerwertesten kneifen.

Sorgen Sie dafür, dass wir nie wissen, was uns erwartet, dann wissen wir, was wir an Ihnen haben.

## Wie lautet die Formel für das, was ein Mann sich in einer festen Beziehung wünscht?

»Gibt es irgendein kurzes Mantra, das ich mir merken sollte?«

Wie wär's damit? Lieben Sie uns, als würden Sie uns schon seit Jahren kennen, aber überraschen Sie uns, als würden wir Sie erst seit Tagen kennen.

## Männlichkeit gemeistert:

***Was Sie jetzt über Männer wissen***

- Routine in der Beziehung muss nicht unbedingt schlecht sein. Langweilige Routine in der Beziehung dagegen ist immer schlecht.
- Ein spontaner Striptease: unbezahlbar.
- Sobald eine Beziehung reift, sind drei Viertel Stabilität und ein Viertel Spontaneität die richtige Mischung. Stabilität sorgt für die Basis, die wir brauchen, um unseren Alltag zu meistern, während Spontaneität für den nötigen Spaß am Leben sorgt.

## Was Sie heute Abend sagen sollten!

Das Heißeste, was Drew, 26, jemals von einer Frau gesagt bekommen hat:

»Den heutigen Abend wirst du nie vergessen.«

Das Heißeste, was Julia, 33, jemals zu einem Mann gesagt hat:

»Ich könnte dich verschlingen wie ein Stück Schokoladenkuchen. Am liebsten würde ich jetzt an dir auf der einen Seite nach oben und auf der anderen wieder nach unten lecken.«

## Frau fragt sich

»Warum haben Männer für jede Situation ein Filmzitat parat?«

Sprechen Sie mit mir? Er ist sich nicht sicher, ob Sie mit der Wahrheit umgehen können, also sieht es ganz so aus, als hätten wir es hier mit einem Kommunikationsproblem zu tun. Um ehrlich zu sein, meine Liebe, schert es ihn einen Dreck, dass Sie es nicht mögen, wenn er Filme zitiert. Warum? Weil Filmzitate es ihm ermöglichen, zu jedem beliebigen Zeitpunkt jedes beliebige Gefühl auszudrücken, ohne es selbst tun zu müssen.

(Zitate aus: *Der Pate, Eine Frage der Ehre, Der Unbeugsame, Vom Winde verweht* und *Der Duft der Frauen.*)

# Dank

Mein aufrichtiger Dank gilt all den außergewöhnlich talentierten, fleißigen und engagierten Menschen, die mich unterstützt, ermutigt und inspiriert haben. Ganz besonders:

Steve Murphy, der Rodale Inc. durch seinen Mut und seinen Qualitätsanspruch zum besten Verlag der Welt für Autoren gemacht hat.

Der Belegschaft von Rodale, ohne die nichts von all dem möglich gewesen wäre.

Ben Roter – wenn ich groß bin, möchte ich so werden wie er.

Ted Spiker, dem weltbesten Coautor, und seiner unendlich geduldigen Frau Liz.

Stephen Perrine, dem klügsten Consigliere, den ein Boss sich wünschen kann. Danke, dass du mir dabei geholfen hast, das perfekte Leben zu leben.

Paige Nelson, der bewundernswertesten Nelson, die mir je begegnet ist.

Nicole Beland, die dieses Buch mit ihrem Humor und ihrer Beobachtungsgabe ebenso bereichert hat wie Millionen von *Men's Health*-Lesern.

Fotoulla Euripidou und Emily McKeen, den Urheberinnen der Exklusivumfrage, die unzählige verschwiegene Männer und Frauen dazu gebracht hat, ihre Geheimnisse zu lüften und ihr Herz auszuschütten.

Joe Heroun, einem Künstler, der vor Worten ebenso großen Respekt hat wie vor Bildern.

Der gesamten Redaktion von *Men's Health*, der cleversten und fleißigsten Gruppe von Autoren, Redakteuren, Rechercheuren, Grafikern und Fotoregisseuren in der Branche.

Liz Perl, Leigh Haber, Katrina Weidknecht, Kelly Schmidt, Sara Cox, Jennifer Giandomenico, Jackie Dornblaser und allen anderen, die so hart und so schnell daran gearbeitet haben, dieses Buch zu veröffentlichen.

Meinem Bruder Eric, dessen wunderbare Familie eine Inspirationsquelle für mich ist.

Meiner Mutter Janice, die uns beide fast im Alleingang aufgezogen hat. Deine Kraft und deine Güte sind die Grundlage für alles, was ich tue.

Meinem Vater Bohdan, der diese Welt viel zu früh verlassen hat. Ich wünschte, du wärst noch hier.

Meinem Onkel Denny Stanz, dem Sinnbild von Jugendlichkeit.

Meiner Stiefmutter Mickey. Dito.

Mein besonderer Dank gilt außerdem: Dan Abrams, Jeff Anthony, Jeff Beacher, Matt Bean, Mary Ann Bekkedahl, Mark Bricklin, Michael Bruno, Marianne Butler, Adam Campbell, Monika Chiang, Jeff Csatari, Jack Essig, Jessica Guff, Jon Hammond und Karen Mazzotta, Erin Hobday, Samantha Irwin, George Karabotsos, Elaine Kaufman, Cindy Leive, Charlene Lutz, Mandy und Raina, Vincent Maggio, Matt Marion, Sandra Matthiessen, Paul McGinley, Peter Moore, Jeff Morgan, Sarah Peters, John Phelan, Bill Phillips, Richard und Sessa, Scott Quill, Amy Rosenblum, Eric Sacks, David Schipper, Robin Shallow, Larry Shire, Joyce Shirer, Rachel Sklar, Bill Stanton, Bill Stump, John Tayman, Pat und Steve Toomey, Marc Victor und Kate White. Danke für all die guten Ratschläge und die tolle Unterstützung. Ihr seid klasse, Leute.

# Register